悅享極簡生活

怦然心動的人生整理魔法

韋甜甜◎著

Contents | 目錄

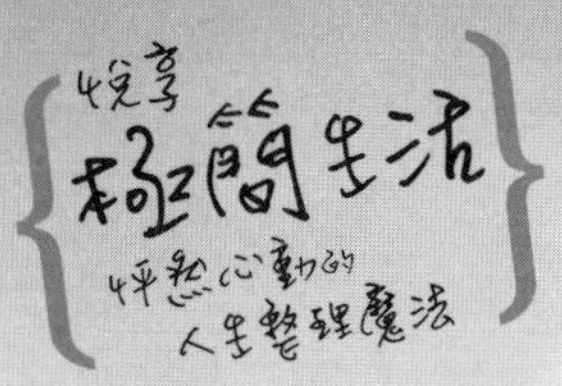

03

頓 整理好你的針線籃，明天才能夠如約而至

04

刪 心不贅物，在繁雜的世界裡簡單的活

Contents | 目錄

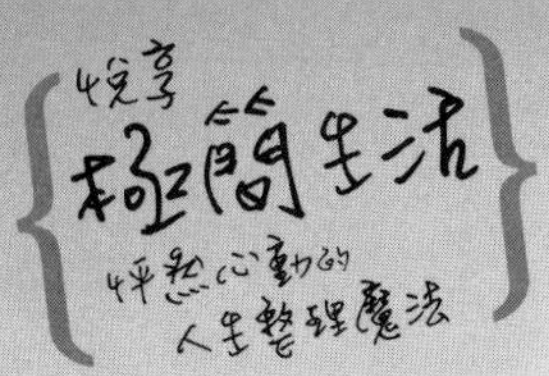

07 離

心若沒有棲息的地方，到哪裡都是流浪

08 清

時光撲面而來，我們終將釋懷

Contents | 目錄

09 捨 停下你匆忙的腳步，等一等你的靈魂

10 治 總要低下頭，才能看到自己喜歡的樣子

前言

有人將「極簡主義生活方式」定義為：對自身的再認識，對自由的再定義。

「深入分析自己，首先瞭解什麼對自己最重要，然後用有限的時間和精力，專注地追求，從而獲得最大幸福。放棄不能帶來效用的物品，控制徒增煩惱的精神活動，簡單生活，從而獲得最大的精神自由。」

1

人生的種種苦惱，總混雜在我們對物品的執著中。衣櫃裡塞滿了衣服，可是換季時仍覺得沒衣服穿，看過的雜誌、用過的舊物，甚至連禮品包裝袋也捨不得扔，因為「或許」有一天「可能」會用到等冠冕堂皇的理由而不斷堆積著……

意識到自己陷入到了過剩的痛苦中，卻以為滿足了自己就能消解這種痛苦。

現代社會無論是物品、資訊，還是人際關係，都處於一種過剩的狀態。無論不足還是過剩，對我們都是無益的。身體的欲望是衣服，而心的欲望卻是生活。

與其說，你是在換季添衣，不如說是我們想換心情、換生活。

而心中的欲望和滿足感得不到滿足，或者欲望過多，生活自然就不會過得輕鬆和快樂。

2

需求減退了，心情便平靜了。得到並未帶給你愉悅，你的愉悅來自內心的平靜。廣告和誤導的記憶使你產生了對於想要和需要的錯誤定義，你已經被長期催眠至一種痛苦的境地，總認為自己需要、欠缺，而解藥就是眼前這件正在出售的物品。其實，如果沒有購買那樣物品，你並沒有損失，仍然會開心，可是廣告和那些不開心的人，也許是你自己，會把「失去很可怕」的想法灌輸到你的意識中。突然間，你就會嚴重地患得患失。

這就是擺脫物質的難點所在：你買了一件物品，想讓它緩解自己的痛苦，而一旦擁有，你又會感到如果丟掉它，就會增加你的痛苦。但是，這些恐懼只是你的幻想，而實際的行動會比虛無的想像更有益。

3

請將家中超過一年不用的物品丟棄、送人、出售或捐贈。比如看過的雜誌、書，不再穿的衣服，早先收到的各種禮物或裝飾品。明確自己的欲望和需求，不買不需要的物品。

透過物品與自己對話，只留下讓你怦然心動的，比起收藏回憶，不如愛惜現在的自己。

本書讓你重新審視自己與物品的關係，從關注物質轉換為關注自我——我需不需要，一旦開始思考，並致力於將身邊所有「不需要、不合適、不舒服」的東西替換為「需要、合適、舒服」的東西，就能讓環境變得清爽，也會由此改善心靈環境，從外在到內在，徹底煥然一新。從加法生活轉向減法生活。

01

簡

為什麼能夠實現夢想的人，都特別愛乾淨？

不該擁有的、不需要的，就不要去費心擁有，
能簡化的就簡化，活在自己的小宇宙裡，
享受自己給自己的自由自在，
在簡簡單單中品味原味的生活。

1生活如開水，不燙不涼剛剛好

很多人很羡慕古人那種簡單的生活，沒有電視，沒有網路，沒有那些困擾我們的郵件、簡訊、電話……試想，這些東西突然從你的生活中消失，你會怎麼樣？

雖然我們不可能完全將文明社會的一切發明拋掉，但是我們可以做到將誘惑從我們的生活中一點一點地去除掉，過上真正簡單的生活。

試圖簡化我們的生活，將不必要的事情捨去，關注真正重要的事。通過簡化，壓力減少了，我們便可以專心地去做我們想做的事，而不會再被其他不相干的事干擾。

曾經有這樣一個人，很多人把他當瘋子：

他赤著腳，鬍子拉碴的，半裸著身體，活像個乞丐或瘋子。大清早，他隨著初升的太陽睜開雙眼，搔了搔癢，便在路邊忙開了他的「公事」。

他在公共噴泉邊抹了把臉，向路人討了一塊麵包和幾顆橄欖，然後蹲在地上大嚼起來，又掬起幾捧泉水送入肚中。他沒工作在身，也無家可歸，人人都認識他，或者都聽說過他。他們會問他一些尖刻的問題，而他也尖刻地回答。

他沒有房子，甚至連一個茅廬都沒有。他認為人們為生活煞費苦心，過於講究奢華。房子有什麼用處？人不需要隱私，自然的行為並不可恥，動物睡在地上也過著健康的生活。既然大自然沒有給我們穿上適當的東西，那我們唯一需要的是一件禦寒的衣服，某種躲避風雨的遮蔽，所以他擁有一條毯子，白天披在身上，晚上蓋在身上。他睡在一個桶裡，他的名字叫第歐根尼。

第歐根尼不是瘋子，他是一個哲學家，通過創作戲劇、詩歌和散文來闡述他的學說。

「所有的人都應當自然地生活。」他說，「所謂自然的就是正常的，而不是罪惡的或可恥的。拋開那些造作虛偽的習俗；擺脫那些繁文褥節和奢侈享受，只有這樣，你才能過自由的生活。富有的人認為他佔有寬敞的房子、華貴的衣服，還有馬匹、僕人和銀行存款。其實並非如此，他依賴它們，他得為這些東西操心，把一生的大部分精力都耗費在這上面。它們支配著他，他是它們的奴隸。為了攫取這些虛假浮華的東西，他出賣了自己的獨立性，這唯一長久的東西。」

亞歷山大在科林斯擔任希臘城邦聯盟的首腦，他到處受歡迎、受推崇、受奉承，幾乎人人都湧向科林斯，為的是向他祝賀，希望在他座下效忠，甚至只是想看看他。唯獨第歐根尼，身居科林斯，卻拒不見這位新君主，亞歷山大決心造訪第歐根尼。

亞歷山大穿過兩邊閃開的人群走向「狗窩」。他走近的時候，所有的人都肅然起敬，第歐根尼只是一手支著坐起來。一陣沉默後，亞歷山大先開口致以和藹的問候。

「第歐根尼，我能幫你忙嗎？」

「能。」第歐根尼說，「站到一邊去，你擋住了陽光。」

一陣驚愕的沉默，慢慢地，亞歷山大轉過身。

亞歷山大最後對身邊的人說：「假如我不是亞歷山大，我一定做第歐根尼。」

亞歷山大最終悟到了生活的真諦，這種簡單到不能再簡單的生活才是真正的自由。生活的凌亂會導致心靈跟著凌亂，真正的優質生活是不需要太多東西的，多了就成了累贅，費盡心思去擁有的還要費盡心思丟去，在這樣的來來回回中，失去了很多應有的快樂。

崇尚簡單生活的美國作家麗莎．茵．普蘭特說過：「當你用一種新的視野觀看生活、對待生活時，你會發現許多簡單的東西才是最美的，而許多美的東西正是那些最簡單的事物。」現在，人們對自然的征服已經漸漸達到頂峰，但是人們卻已經很難找到內心的寧靜和從容，失去了內心的真實。

雖然越來越多的人開始崇尚極簡生活，但是卻不知道從何下手。如何將那些誘惑從我們的生活中一點一點去除掉，還原本真生活呢？

首先，**簡化你的生活環境**。

在一個簡潔舒適的環境裡，你可以更加安心專注於眼前的工作，而不會受到其他外界因素的干擾，這會使你更加高效。

不要再讓你的東西凌駕於你的生活之上，把平衡與和諧重新帶回你的家庭與人際關係中。為了不再不堪負荷，要學會放下，學著割捨，那麼你將擁有更加豐富、充實、有趣且令人滿足的生活。

第二，**簡化你的物質需求**。

可能遠離電視機。它是一個偷竊光陰、蠶食生命的無形殺手。許多人不知不覺浪費了許多寶貴時光在這魔匣面前，如果我們臨終有機會反省一下，就知道人生共有十幾二十年浪費在了肥皂劇上。

改變你的逛街購物習慣；不是急需品，不要急於馬上去買，只把它列在清單上，待到一定數量時一起去買，這樣會節省許多時間，而且有一些用品，擱置一下後就未必想買了。

逛街成為許多人滿足欲望的最好方式，其實他們並沒有真正的購物需要，只是為了滿足購買時痛快的佔有感罷了。

減少沒有實際意義的交際，為的是減少「人情債」——免得浪費時間和金錢。許多虛偽的應酬，實際是謀殺生命的；擺脫應酬，把時間用在實實在在有需要幫助的人身上。

第三，**簡化你的飲食**。

遠離炸雞、漢堡等速食食品，有節制地用餐，吃一些清淡、有營養的食品，不要讓你的飯桌上充滿吃著激素長大的家禽肉類，讓簡單清淡又營養豐富的食物代替它們。還要減少每頓進食的種類，並不是種類越多，營養越豐富，有時候過於豐富的種類反而容易產生反作用。

第四，**簡化你的心靈**。

繁複紛亂的生活使人厭煩、疲憊，淡化你的欲望，遠離物欲的深淵，只要你真正實行這樣的生活，你就經歷到深刻的解脫感，親身感受到一種真實的釋放；擺脫了許多讓人心煩的纏繞。

極簡生活的最終目的就是使我們的內心平靜，感到簡單而幸福。

2 為什麼能夠實現夢想的人，都特別愛乾淨？

想一想我們自己，生活是不是如此：衣櫃裡塞得滿滿當當，可出門卻總是找不到一件合意的；鞋櫃更是擁擠不堪，一排排的鞋子擺滿玄關，很多卻只穿過一兩次便擱置一旁；客廳櫃子堆滿裝飾物，茶几上堆滿各種書報，碗櫃裡也擺滿各種東西，不用的盤子、杯子好幾套，很多昂貴的盤子都派不上什麼用場；家裡的壁櫥堆滿了廢舊的紙箱子，盥洗台下面的小櫃子裡也塞滿了各類洗劑，更讓人鬱悶的是，這些東西大多已經過期……

書架上的書報和雜誌雜亂無章，好多書只讀了開頭，總想著有空再讀卻再也沒有拿起；抽屜裡各種零碎雜物堆在一起，朋友送的搞怪小玩物，逛街買的小飾品，一次沒戴過但總捨不得丟掉的耳環和戒指，一堆社交活動收來的名片；茶几上各種各樣的雜物擺得密不透風，茶杯都找不到放的地方；手機裡的簡訊總是在提醒記憶體不足，並非它們有多珍貴，只是懶得動手刪除……

房間很大卻總是讓人鬱悶，臥室雜亂，連床上也凌亂不堪，回到家往床上一躺，卻懶得好好收拾一下；各種各樣的雜物堆在房間裡，可是一出去還是忍不住亂買；抑鬱、煩悶、找不到方向，天天很忙很累，卻在時光蹉跎後發現自己一無所獲……不知從何時開始，我們覺得自己好像背上了重重的包袱，腳步沉重，舉步維艱。

這樣的生活，怎麼不讓人憔悴，怎麼不需要整理？

物質極簡，這種全新的生活智慧如風一般席捲而來，迅速成為時尚和潮流，成為眾多人奉為圭臬的生活哲理，並大力推行，全面實踐，又有什麼稀奇？

想讓自己的生活徹底改變，那麼無論如何都要先把那些多餘的東西處理掉，讓空間通透的同時，也讓心情舒展！這才是物質極簡之所以迅速流行的真義。

雖然看起來是很簡單的收拾整理，但是通過捨棄、精簡，我們的房間就會在不知不覺中變得舒爽、乾淨起來。更重要的是，當我們把多餘的雜物處理掉後，我們內在的氣質也會隨之發生巨大的變化，就連心理上的「封閉、狹隘、憂鬱」也都被清除得一乾二淨，不僅身體、心境明朗雀躍起來，那些生命疑難也迎刃而解，一度停滯不前的人生更是順利迎來柳暗花明，我們的心情也自然而然地愉悅起來。

為什麼能夠實現夢想的人，都特別愛乾淨？因為會果斷的抉擇，當斷的斷，當捨的捨，當離的離，這就是「斷捨離」的概念，每個成功的人都有一個共同點，那就是「透過整理物品，整理了人生」。

一旦形成整理的觀念，就不會把「整理」和「麻煩」「討厭」這樣的詞聯繫起來了。因為當你身邊沒有多餘的物品時，自然會有一種神清氣爽的舒適感，你要做的就是維持這種感覺。如果身邊留下的都是自己此時此刻正需要、正適合自己的東西，那身邊的東西就全是我們的戰友，讓我們能有一個愉悅舒暢的好心情。

整理物品就像整理人生，人生也要恰當地選擇和當下的自己相稱的東西，將斷捨離的概念應用到我們的人生中，我們的人生將會變得更加愉快和輕鬆！

事實上，**斷捨離整理的不僅僅是物品，還是我們的人生。除了髒亂的房間，更延伸到人生中某種長期滯留而無力自拔的處境。只有把你的內心整理好，你的人生才會開始好轉。**

3家不是回收站，該清除就清除

生活中難免會出現不需要的東西堆積成山的狀況，捨棄還是保留一直在心裡盤旋著。選擇捨去，丟掉的不僅僅是一個物品那麼簡單，好似一種習慣，一個一直習以為常的東西從此在生活中去掉點滴的痕跡，於是寧可凌亂。

本來就很狹小的空間，塞滿了各種物品，雜亂的房間還很容易造成物品的「丟失」。找東西不僅浪費時間，尋找過程中的煩躁也會變成一種沉重的心理壓力。想用的東西不見了，又嫌麻煩，懶得到處找，只好跑去買一件一模一樣的回來。

堆滿雜物的房間清掃起來很費事，於是陸陸續續買回一堆清潔用品。

不過，這些東西也難逃被亂放後找不到的命運，又或是由於用不慣而被收了起來。於是，我們又開始另一輪「買東西」「丟東西」的惡性循環。

就這樣，家裡的東西越來越多，東西多了又不懂得整理，房間必然會顯得亂糟糟的。在這樣的屋子裡生活，身心怎麼能得到放鬆呢？日子久了，整個人都會變得有氣無力，所有追求新鮮事物的激情都會隨之蕩然無存，這樣一來，人生也便失去了樂趣。

俗話說，當斷不斷，反受其亂，所以人生很多時候需要勇敢地說再見！對周邊物品的整理和捨棄，同時也是對心靈深處的種種進行選擇，讓空間更空曠，也讓生活更清爽！

我們囤積東西的過程其實是一種心理疾病逐漸生成的過程，斷捨離就是在引領我們由捨棄物品開始逐層深入，在捨棄物品的過程中也將思想的包袱捨掉。

人生來一無所有，死後也一無所失。但我們活著時，卻總是希望靠抓住一些東西來改善人生，帶來快樂，得到關注。「抓住」是一種焦慮不安的表現——內心的窮困會驅使你沒完沒了地索取，心理窮困讓你想牢牢抓住物質，但永不滿足，結果只會更糟。

不知道你有沒有不再需要但卻保留起來的東西？比如十年前買的套裝，明明不穿，但就是不想丟掉，一直擱在那兒。儘管「不需要、不適合、不舒服」，卻還是會留著，這就是「執著」。要想真正地掌控自己的生活，就要有斷捨離的意識，就要斷了執念，把那些「不必需、不合適、令人不舒服」的東西統統斷絕、捨棄，並切斷對它們的眷戀。

謹慎地擁有、珍惜地使用、勇敢地捨棄，這是人與物品之間最美好的關係。

戒「斷」用不到的物品，停止超出所需分量物品的流動，並從源頭上斷絕那些多餘物品進入我們生活的通道——比如不亂買、不亂拿、更不亂要。通過捨棄的實踐，人們將不斷重新審視自己與物品的關係，致力於將身邊所有「不需要、不適合、不舒服」的東西替換為「需要、適合、舒服」的東西，改善生活面貌。

斷捨離的意義不單單在於此，它還是一種健康的生活方式，一種獨特的思考法則。從關注物品轉換為關注自我，改變肉眼看得見的世界，從而改善看不見的精神世界，讓人從外到內，去審視，去改變。雖然把捨棄確實轉變為行為實屬不易，但只要嘗試，就有機會。

4 沒有什麼逃不掉，也沒有什麼扔不掉

「扔不掉」這句話反映出來的，其實是隱藏在自己內心深處「我不想扔了它」的情感。理智上認為「非扔不可」，但內心的情感卻無論如何都無法同意這件事。所謂「扔不掉」，其實就像是腦袋和心在吵架一樣。

從前有一戶人家的菜園擺著一塊大石頭，路過的人經常會踢到那塊

大石頭，不是跌倒就是擦傷。

兒子問：「爸爸，為什麼不把石頭挖走？」

爸爸回答：「你說那塊石頭呀，從你爺爺時代就一直在那裡了，它的體積那麼大，與其沒事無聊挖石頭，不如走路小心一點，還可以訓練你的反應能力。」

過了幾年，這塊大石頭留到下一代，當時的兒子娶了老婆，當了爸爸。有一天，老婆氣憤地說：「孩子他爸，菜園那塊大石頭很礙事，改天請人搬走好了。」

孩子的爸爸回答說：「算了吧！那塊大石頭很重的，可以搬走的話，在我小時候就搬走了！」

有一天早上，老婆帶著鋤頭和一桶水，將整桶水倒在大石頭的四周。幾分鐘以後，再用鋤頭把大石頭四周的泥土攪鬆，就把石頭挖起來了。

扔不掉東西的人不外乎三種類型：

一是逃避現實型。這種類型的人幾乎沒時間待在家裡，通常他們對家庭有諸多不滿，所以找各種各樣的事讓自己忙起來，加上家裡亂七八糟，所以更不想待在家裡，慢慢掉入惡性循環。

二是執著過去型。這種類型的人，會把相冊、獎盃等全當命根子保管起來。他們太留戀過去的幸福時光，與逃避現實型有相通之處。

三是擔憂未來型。這類人囤積了大量的衛生紙、洗髮精、沐浴乳等日用品，快消耗完時會焦慮不安。

三種類型中，「擔憂未來型」的人最多。

「扔不掉」很奇怪，扔不掉的背後往往帶著對某種人或事物的念想，常常會感到可惜，這裡的「可惜」有兩種——「入口」的可惜與「出口」的可惜。「可惜」本身沒什麼問題，表現出來的是人們對物品的珍惜之情，卻經常被拿出來當成執著的擋箭牌。對於「丟棄」與「可惜」，我們似乎有必要重新再做一番檢討。

「扔不掉」的本質不在於物品本身，而在於我們的內心。我們心中有很多的執念與行為相對抗，我們找了很多理由和藉口抵抗「扔」的行為，一遍遍地告訴自己「不要扔」，這些理由包括：

「那些東西還能用——其實根本不會再用它。」

「這個東西還很好，丟了可惜——其實東西再好，不用也是浪費呀！」

「留著吧，也許哪一天就能用得著——也許窮盡你這一生也沒有用得著它的一天。」

「這東西好貴的——好貴是指買它的價值，並不是它的實用價值，對於一個無用的東西，再貴又有什麼意義?!」

「那是我好朋友送給我的禮物——朋友貴在知心，而不是貴在你保存著一件什麼都代表不了的禮物，留下情誼難道不比留下禮品更好嗎？」

「那是重要的紀念品——是正能量的還是負能量的紀念品呢？如果是因為失戀後對方留下的物品，那最好還是扔掉吧。」

你看看，不是都有扔的理由嗎？所以這不是理由，只是不想扔的藉口。沒有什麼東西是不能扔的，扔或不扔自己完全可以決定，扔不掉的真正原因其實是不想扔，「扔」與「不扔」，這就是選擇與放棄的過程。

扔與不扔，全在於我們自己，卻說得像是物品做出頑強的抵抗，讓我們無法行動似的。

扔不掉的原因全在物品，這是以物品為中心的思維模式，我們為什麼不換成以自己為中心的思考模式呢？

扔掉，是為了讓自己的空間更大，心情更清爽，生活更美好，還有什麼扔不了的！

有一個很有名的珠寶商人叫比舍，他有著豐富的航海經驗，可以稱得上是一位航海家。

一次，比舍帶著五百名商人駕著船入海採寶，他們乘風破浪，很快便到達珠寶產地。等船靠岸後，客商們都十分興奮地登岸尋寶。

大夥兒像群餓狼一樣，拼命地把珠寶搬運到船上。眼看著耀眼的珠寶將一艘艘船裝滿，不過這些客商們似乎一點都沒有想要停止的想法，而此時船正在慢慢地向下沉……

比舍看到這樣的情況，急忙大呼：「注意！注意！船上的物品已經超重，請大家將自己超載的珠寶拋棄，否則會有危險！」

可是這話並未引起客商們的注意，他們沒有停止手中的搬運工作，在他們看來，寧可與寶物一起死去，也不願意丟下一粒珠子。

比舍眼看著船一點一點地向下沉。在這危急的時刻，比舍毅然選擇了將自己船上的珠寶投入海裡，駕駛空船離開了寶山。

沒多久時間，那些超載的船馬上就被海水吞沒了。

有時候，如果你不放棄眼前的一些既得利益，可能會失去更多更美的風景。在人生的道路上，也有很多我們早已知道應該扔掉的東西，卻總是藏在某個角落裡，勇敢地扔掉外在的和心靈深處的雜物，你就會活得越來越快樂。

5 沒有什麼浪費，它只是去了最該去的地方

為什麼很多人在整理的過程中，總是覺得扔不掉呢？這其實是觀念在作祟。從小到大，我們所受的教育總是在告誡我們「浪費很可恥，節儉是美德」，任何東西務必物盡其用，不到最後一刻絕不能扔掉，因為扔掉就是浪費。丟了可惜的觀念在我們的腦海中根深蒂固。

這樣的觀念，讓我們對每一件東西都猶豫了再猶豫，思慮了再思慮，清理一遍還扔不掉，再清理一遍，還是沒法扔，以至於還是斷不了，捨不下，離不了。

其實這些根本不會用到的物品放在家裡，本身就是一種極大的浪費，因為既佔空間，同時它的用處又沒有被很好地利用和發揮，為什麼不能扔

掉這些原本「能用」卻「從來不用」的東西，讓它們到最適合的地方，真正「用起來」呢？閒置本身就是一種浪費，還不如早些處理掉它們，讓它們能流通到該去的地方，發揮該發揮的作用更有意義。

所以，扔不扔不是因為物品，而是因為觀念，因為心態，因為心中固有的那些羈絆和累贅。想要脫離這種處境，我們就必須學會拋棄「捨不得」「丟掉了可惜」和「浪費」的舊觀念。這樣更能得到身心的輕盈，更能輕裝前行。

捨不得拋棄東西的人，往往是戀舊的人，戀舊的人是敏感、細膩、柔情的，卻也是軟弱的。為什麼這樣說？先從「人的欲望」談起吧。人為什麼會有欲望？因為需求，一定是先有需求，然後才有滿足需求的欲望。心理學上有一個「動機理論」，認為人的行為本質是需求。需求，即是主體意識到自己對某種狀態的缺乏。這種缺乏是靜止的，當誘因出現時，就會被啟動，從而產生動機。需求激發動機，便產生了「行為」。而「擁有」便是一種填補「缺乏」的「行為」。

那「戀舊」的需求是什麼？其實是「信心」。因為缺乏信心，我們才想留住每一件物品。因為不知道什麼時候它就能派上用場。因為缺乏信心，我們才想留住朋友的禮物，留下過往的紀念物。因為我們認為這段友情珍貴而稀少，一旦放棄就再也不會擁有了。而未來的日子充滿未知，唯一能與之對抗的只有回憶。

人也好，物也好，生活也好，都是如此。如果你打心眼裡熱愛每一天，覺得每一天都十分精彩、十分充實、十分有意思，你還會「戀舊」嗎？大概不會了。當生活本身變得不再可怕，你又何須再緊緊抓住那些令你感到充實和安全的東西呢？

該扔的就要果敢地扔掉，該放下的就要堅決地放下，沒有什麼可惜的，這只是在為自己的人生搬掉阻礙，只有輕盈的身心才能活出更精彩的自己。

6別讓沒有生命的東西控制你

人們為了追求幸福，享受快樂，都在盲目地「累積」一些東西，所以不能用的各種物品塞滿住所的有限空間。然而真正幸福的生活並不是物品累積得越多越好，累積的結果必然導致物資過剩，而成為生活和精神上的負擔，所以我們需要及時地處理身邊多餘的物品，最好是學習斷捨離這種新的收納整理術。

第一，準備多個箱子或是大袋子，然後把家中沒用的物品或者書籍，按照「留下」「捐獻」「再利用」「扔掉」分好類，並對一直無人問津的物品逐一進行清點盤查。

可以先制訂一個類似「兩周整理好一個地方」這種符合現實的目標，

慢慢實行，養成習慣之後再整理就會容易很多。

第二，收拾衣櫃。對女性來說，衣櫃永遠是物品最多、最難處理的部分。要讓你的衣服也能像時裝店那樣整齊、漂亮。為了達到這個目標，我們應該怎麼辦呢？

一是列出生活中必須穿的衣物的件數和種類。按工作，遊玩，日常生活，正式場合分類，或是依據季節、氣溫等因素進行分類。

二是仔細檢查留下來的衣服。讓我們來看一下自己所擁有的衣服，能否同時滿足特殊場合和季節的要求，有些衣物是否過多？今後買衣服時，要針對不足點進行「強化」，時刻提醒自己不能因一時衝動而購買已經過剩的衣物類型。這樣便能改善目前這種無用衣物很多，可穿衣物卻總是短缺的情況。

三是克制自己，儘量不要在大賣場或網站做促銷時買東西，買衣服時，要進行多次試穿，最好做到貨比三家，即使只想買一件衣服，也要多逛幾家。

第三，家中的書報、CD等雜物。喜歡書的人最捨不得扔書，喜歡音樂的人則捨不得扔CD，喜歡電影的人就會捨不得扔DVD，這三種東西都愛好的人也不在少數。一進入這些人的家中，就彷彿置身於圖書館或是影音店。

書和CD都需要一定的存放空間，如果你住的地方不夠寬敞，而這些物品又超過了一定數量，就把它送到二手市集去吧。

第四，收納那些不必要的紀念品和趣味品。說到記憶的寶庫，那就要屬照片了。如果能夠把所有的照片都放到相冊裡，也就沒有必要扔掉它們了。問題的關鍵就在於大量的照片都沒有被很好地保存起來，而是隨意堆在角落裡。將那些拍攝效果差或重複的照片處理掉，照片的數量自然會減少很多。和照片一樣，那些沒有保存價值的信件，我們也要果斷地扔掉。把明信片、賀年卡、今後不會再看的信件等，統統處理掉吧！

如果你曾對某種收藏很著迷，現在又失去了興致，要想將它們扔掉，也可以把它們拍成照片，存入電腦，成為永久的保存和記憶。

第五，家中的傢俱和電器。家裡總會有些傢俱、家電是我們不經常使用的，由於傢俱和家電大多屬於大件的東西，一旦處理掉，生活的空間就會寬敞很多。但是，如果扔掉那些有用的東西，又會給你的生活造成不便，因此你需要經過慎重的判斷再採取行動。

第六，紙類的清理。大多環境雜亂的家庭，都有一個相同的特徵，就是紙類特別多。除了書和雜誌外，很多人對如何收拾宣傳單等大傷腦筋。

在處理紙類雜物的時候，一定要留意那些包含重要資訊的東西。尤其是報紙，如果不需要看就及時處理，通知單要在接到後立即判斷是不是需要保存；發票要放在固定地方，不要收集那些大體積的紙箱和其他箱子。這樣紙類的廢物就會越來越少，家中也會越來越清爽。

7 從前不回頭，往後不將就

一個人成熟的標誌是學會狠心，學會獨立，學會放棄，學會丟棄拖累你往前走的東西。如果扔不掉或是不想扔，被拖累的就是你自己。

有一個作家和一群好友準備去探險。當時，正逢要去的地方遭受嚴重旱災。在旅途中，作家隨身帶了一個厚重的背包，裡面塞滿了食具、挖掘工具、衣服、指南針、觀星儀、護理藥品等。作家對自己的背包很滿意，認為已為旅行做好了萬全的準備。

當地的嚮導看完作家的背包後，突然問了一句：「這東西讓你感到快樂嗎？」

作家愣住了，這是他從未想過的問題。他開始問自己，結果發現，有些東西的確讓他很快樂，但是，有些東西實在不值得他背著它們走那麼遠的路。

作家決定取出一些不必要的東西送給當地村民。接下來，因為背包變輕了，他感到自己不再有束縛，旅行變得更愉快。他因此得到一個結論：生命裡填塞的東西愈少，就越能發揮潛能。從此，他學會在人生各個階段中定期解開包袱，隨時尋找減輕負擔的方法。

學會捨棄，找到雜物之源，這時候，你要做自己內心冷靜的剖析者，看看自己為什麼留著那些雜物。隨著雜物一起扔掉的還有**精神雜物**，扔掉消極、抱怨，扔掉擔憂、拖延，扔掉對未來的焦慮和不安，因為雜亂的生活是對自己的一種懲罰，扔掉雜物不僅釋放了空間，更重要的是釋放了心靈，讓心靈擺脫舊有情緒的困擾，然後輕鬆前進。

現在，你的家就是最昂貴的垃圾桶。你周圍的垃圾正佔用著你寶貴的空間，消耗你生命中的能量。

是時候讓居住的地方重新成為你的家；是時候讓自己重新煥發活力了。就從現在開始行動吧，從那些因為「不想扔」而導致「扔不掉」的東西下手，把那些不需要的物品，不需要的過往，統統扔掉，活出今天的自己。

02

理

你衣櫃裡缺少的不是衣服，而是春光

如果你面對誘惑蠢蠢欲動，
但是又發現物品的價錢超出你的承受能力，
那麼你應該分析「想要」和「需要」之間的差別。

1 身體的欲望是衣服，心的欲望是生活

不管是女人還是男人，無論是美還是醜，我們都離不開衣服。

西方有一句名言「女人永遠缺少一件衣服」，意思是說女性對於服裝的渴望是無窮無盡的，無論她有多少套衣服，還是覺得需要買衣服。

我們都有同樣的經歷，沒事逛街，回來就是一大堆的衣物。一開始只是看中某一樣配件，買了配件，就想拿什麼配它，然後買了搭配的裙子或者衣服，乾脆順便也買了搭配的鞋子、包包。

好像一根導火線，一個小配件卻引發了一連串的購物反應。原來只是一個購買的動作，只是為了滿足一時的消費欲和佔有欲，理智早已被你拋到九霄雲外。就這樣，一邊是越來越滿的衣櫃，一邊是壓抑不住的購買欲

望，不論衣服再多，買的行為永遠在繼續，縱使不斷花錢「血拼」把衣櫥塞得滿滿的，也無法改變這種狀況。

「缺少一件」，並不是一個絕對的概念，其關鍵在於面對一堆衣服的選擇困難，以及對物質的不懈追求。

女人對於衣服永遠是欲求不滿的，每天早上醒來，打開衣櫥，永遠覺得沒有衣服穿，不停地在鏡子前比畫，卻總是找不出合適的衣服。其實真正缺少的恐怕不是一件衣服，真正缺少的恐怕只是滿足感。

人都是不易滿足的，我們雖然一直在獲得新的事物，但當我們在獲得後，又會對另外一些事物產生欲望……衣服之於女人，應該是生命中永遠的誘惑。女人嚮往美好的東西，然後把曾經認為好的衣服都收集在衣櫥裡，戀戀不捨地積累下來，滿了也不捨得丟棄。

潮流時尚變幻莫測，而且隨著四季變換，新款衣服更是層出不窮，對大部分女性來說，她們都擁有瘋狂的購買欲，如果不買幾件過過癮，就會覺得心裡空蕩蕩的。不知不覺之中，衣櫥就被塞得滿滿的，衣服放不下了，就只好隨意地扔在房間的各個角落。

女人心情不好的時候買衣服，心情好的時候更會買個不停。失戀了買衣服，為的是把自己打扮得更加漂亮去迎接新戀情；加薪了買衣服，為的是好好犒勞自己多日來的辛苦；減肥了也要買衣服，為的是向別人展示擺脫好幾斤脂肪後的苗條身段……

千萬別小瞧女人的衣櫥，在這個甚至不足一平方米的空間裡，不僅吸納著女人的金錢，也收藏著女人光芒背後的野心、快樂、幸福甚至是淚水。

身體的欲望是衣服，而心的欲望卻是生活。與其說女人是在換季、添衣，不如說是女人想換心情、換生活；而心中的欲望和滿足感得不到滿足，或者欲望過多，生活自然就不會輕鬆快樂。

當你跟往常一樣有心無意地逛著街，看到喜歡的衣服先別急著下手，先捫心自問：你真的缺少這一件嗎？沒有類似的替代品了嗎？其實家裡原有的那一套稍微改造一下，A外套和B裙子混搭，或者A外套跟C裙子互搭，就可以變身為「時下新款」。這樣一來，你的變裝功力不自覺地提升，你的衣櫥大概也可以跟你一樣鬆口氣，再也不用承載多餘的負擔了。

我們不需要那麼多的衣服，也不需要那麼多的欲望。每個人都背負著太多責任與欲望，若將其全部丟掉，人生將會毫無意義；但不捨棄一些，我們又會不堪重負。這時，放棄就會成為一個尤其重要的智慧。

2 得不到的永遠在騷動

打開你的衣櫃、鞋櫃，有多少衣服鞋子買了之後卻很少、甚至從來沒有穿過？儘管如此，對於熱衷於打扮的人來說，衣櫃永遠都缺那麼幾件——「得不到的永遠在騷動」。

隨著「快速時尚」——為了某種原因或者某個場合穿一次而購買，之後便再無用武之地的消費理念逐漸形成潮流，追求數量和一時流行的觀念逐漸被講究品質和經典的品味取而代之。

英國一名叫哈曼的女孩可以稱得上是不折不扣的購物狂。她向媒體展示了自己驚人的「戰果」——衣服和鞋子佔據了四間臥室！

哈曼現年廿五歲，家住英格蘭，從事秘書的工作。據她說她每天平均要花三小時逛街掃貨，為添置新裝花費超過五萬英鎊。由於沉溺於購物無法自拔，她的父母不得不騰出四間臥室用於放置哈曼的衣服鞋子，其中竟然有整整四個衣櫥的衣服從來沒有穿過。為了購物，哈曼還辦理了大量銀行卡和信用卡。

哈曼的男友因為受不了她的瘋狂舉動而和她分手，但哈曼卻表示，她不打算克制自己的消費欲望，未來想找一個和自己一樣熱愛購物的男人。

看看你的衣櫃吧，檢視一下有哪些衣服和鞋子是你從來都沒有穿過的？為什麼你不想穿呢？是太好了捨不得穿，還是太差了不好意思穿？抑或是這衣服你根本就不喜歡，甚至早就忘了還有這件衣服的存在呢？

數一數你有多少件「去年一次都沒有穿過的衣服」？明年或者今後都不會再穿的衣服又有多少？

很多人都有這樣的想法：過一段時間或許就會再次流行了，於是那些一直沒穿過的衣服就被統統塞進了衣櫃。但是，我們需要弄清楚一點，同類型的衣服也許會再次流行，但是在袖長、腰寬等細節處卻會不同；此外，你也無法保證自己的身材在下次流行到來時不發生變化。

衣服再好，但是如果已經不適合自己了，那麼它的價值就等於零。衣服穿在身上，必須讓人感到心情舒暢，並且把人襯托得更加漂亮、有活力、有氣質才行。

捨棄不會再穿的衣服，騰出空間來放自己更喜歡的、每天都離不開的、真正有用的衣服。這樣，不僅會讓你的衣櫃大大清爽，也讓你的心因此而得到一次洗禮——原來有些東西真的是可以扔掉的，你會感嘆：「放棄也是一種美麗！」

3 物是人非，睹物思人還有何意義？

衣櫃裡的衣服這麼多，可翻來看去還是捨不得扔掉，為什麼？如果不是我們前面說的那些，比如你不喜歡了或不好看，那就還存在一個原因：問題不在衣服本身，而是衣服背後的故事和記憶，你捨不下的其實不是衣服，而是衣服背後那些難以捨棄的過往或人。

一個好友就她的「服裝問題」打電話諮詢我，她的公寓裡有太多衣服，讓她沒法舒適地走動。

當我來到她家裡，我看到她的衣服不是放在衣架上或疊好放在衣櫃裡，而是擺得到處都是，有的衣服還掛在書架上，好像她的家是布料工廠一樣很明顯，這意味著她正在掩蓋某種強烈的情感。

當我問及她這種狀況持續了多久，她告訴我，十年。

她的家給我一種蠶繭的印象，而她就是裡面蠢蠢欲動卻未破繭的蝴蝶。其實她已經是一隻可以在外飛翔的蝴蝶，她的問題就在於她阻止自己看到真實的自己。

我們開始整理衣櫥前的那堆衣服。我邊整理邊問道：你最後一次穿這件衣服是什麼時候？你還喜歡這件衣服嗎？如果現在讓你買，你還會買它嗎？

接下來，我們清理衣櫥，打開衣櫥的門就像打開一個裝滿衣服的地窖，一股濃濃的黴味散發出來。

我發現很多長裙，這些長裙和一個男人有關，他們相戀了五年，這些裙子是他買給她的。他們的關係已經結束，但她仍有些在意這段感情——我們正在拜訪那段感情的墓地。她下意識地用衣服蓋住這個墓地的入口，但是悲傷的靈魂還在，並縈繞了她好幾年。

我告訴她：「你開始用一堆堆的衣服擋住衣櫥，來隱藏自己的感情，而這會佔據你全部的空間。」

她哭了，我能感受到她擺脫了雜亂的情緒。她的臉色變得有光澤，呼吸也更加踏實。我們繼續扔。沒用的衣服送到回收處，最近穿的衣服放進衣櫥，掛在衣架上。她的家不那麼亂了，有一種難得的平靜。

對很多人來說，衣服代表生活中不同的情感時期。如果你留著很多不穿的衣服，你的衣櫥就變成了過去的照片。

舊物很少能幫助人們，看似能減輕你當下遇到困難時所感到的壓力，但也讓你難以擺脫過去。它會不斷拖著你遠離當下，**只有當我們倒空一些記憶，捨棄一些欲念才會有所獲得**。當棄不棄，必失其得，學會勇敢地斷掉心靈中的雜物，我們的人生才會獲得更多的滿足和快樂！

4 名牌若不適合你，又有什麼好？

我們看重一些東西，經常是因為買它們花了很多錢，而不是因為它們帶給你滿足和快樂。我們用價格標籤或品牌名稱來鑒別物品，卻忘了關注它是否真的能讓你開心。

很多女性是名牌的忠實追隨者，所以衣服、鞋子、包包都要用名牌，然而買回來以後並不一定真正適合自己。

每個女人愛名牌的原因不一樣，有的人喜歡名牌，而且酷愛某個品牌到了「非君不買」的地步，這樣的人，骨子裡常常是追求極致的完美。仔細觀察她們的生活，會發現她們其實活得很累，因為她們容不得半點瑕疵或者遺憾。

有的人則是因為自卑，而希望利用這些奢侈品來提升自己的形象，卻往往會適得其反，讓其內心的虛弱和不自信暴露無遺。自我評價低的人，無論怎麼裝飾自己，也很難產生「名牌效應」。她們絞盡腦汁、千方百計地堆砌名牌，直到周遭的人開始關注她們。

日本一位成功女企業家自言家裡沒有一件多餘的衣服，衣櫥裡所有的衣服都各有各的用處，代表著不同季節、不同場合，甚至不同時段的需要。沒有用處的當即清理，無論是什麼品牌。

她說，這樣的好處是，她隨時隨地都能知道自己第二天如何穿戴齊整地出門，不用為如何穿衣服花時間費腦筋。這真是說一千道一萬「節省時間就是創造財富」的箴言。

名牌也許能夠為你加分，但如果沒有名牌，只要把自己喜歡的日常服裝搭配合理，自然大方，同樣能夠穿出迷人的味道。

人總以為擁有的東西越多，自己就會越快樂。可是有一天，我們忽然驚覺：我們之所以不快樂，是我們渴望擁有的東西太多了，或者太執著了，不知不覺已經執迷於某個事物而無法自拔。

有一條老街，街上有家茶館，裡面住著一位老婦人。她經常戴著老花眼鏡坐在那裡織毛衣，身旁放著一個紫砂壺。老婦人並不在乎生意的好壞，她老了，掙的錢夠維持生活，她就很滿足了。

一天，一個經營古董的商人從這裡經過，無意間看到老婦人身邊的紫砂壺。他一眼就看出，那個壺頗有清代製壺名家戴振公的風格，且他的作品現在僅存三件。

商人在得到老婦人的應允後，仔細地端詳起那個壺。果然不出他所料，正是戴振公的作品。他如同發現了新大陸一般興奮不已，提出要出十萬元買下這個壺。老婦人先是一驚，而後拒絕了。這個壺是她丈夫留下來的傳家之寶，意義非凡。

商人走了，老婦人的心卻不平靜了。她沒想到這個用了多年的茶壺竟然這麼值錢。原來她躺在椅子上，都是閉著眼睛把壺放在小桌上，可現在她總要坐起來看一看。

當周圍的人知道她有一個價值連城的茶壺後，門檻都快被踏破了，甚至還有人晚上來敲她的門，徹底攪亂了老婦人的生活。

過了一段時間，商人又來了，這一回他帶著二十萬現金登門。老婦人再也坐不住了。她下了決心，招來左右店鋪的人和前後鄰居，當眾把那個紫砂壺摔了個粉碎。

擁有一個價值連城的物品固然是幸運之事，但若這件身外之物給心靈帶來負累，給生活製造了重重麻煩，不如不要。

不論衣櫥裡的衣服多麼美麗，是多麼響亮的名牌，甚至曾經如何地吸引過你，如果當下已經不適合你，那就果斷地清理掉，不要猶豫，不要後悔。不要讓你對名牌的迷戀遮住了你望向前方的眼睛，更不要讓對過去的癡迷阻礙了你斷捨離的腳步。沒有關係，再美麗的名牌也已經不適合你了，還要它幹嘛呢？果斷地扔，才是你該做的。

5為你的衣服找到新的春天

衣服的處理方法有很多，不僅僅局限於扔掉，送給那些需要的人也是種很好的選擇。一是放到二手拍賣市集，透過網路商店出售，二是捐給福利機構，讓那些曾經心愛的衣服也能找到第二春，找到更好的歸宿，煥發新的生命力，相信那對你是一種心靈的安慰。

三是交給資源回收中心。愛美的女孩總是喜歡買各種流行的衣服，可是這些衣服的生命力卻很短暫。這些衣服雖然舊了可是還能穿，扔了覺得可惜，留著也不想穿，這個時候應該怎麼辦呢？

舊衣回收給我們提供了一個處理廢舊衣物的地方，回收站收來舊衣服後，經過簡單的挑揀分類，有的送到工廠加工處理，製作成再生棉和再生顆粒，經過拉絲和膨棉等程序後，成為紡織廠的原料；有的進行改造，如牛仔褲可以改造成包包、拖鞋等進行再利用。

為你不想扔掉的衣服找到第二春吧，這樣不僅可以讓接受的人感受到愛的溫暖，同時也會讓你感到幸福，正如聖經中所說的「施比受更有福」，那麼趕快做一個幸福的女人吧。

6 如果沒有購買那件衣服，你仍然會開心

當你感覺失落時，你的內心自然想振作起來，這時，也許你會用一種現在普遍的解決方式去改善心情，那就是購物。但是購物時，人很難有清

晰的思考，結果是買回一堆東西，卻發現自己根本不需要。

無論是網上購物或是實體店面購物，人們的腦中充斥著所有電視廣告或者雜誌廣告，那些廣告中，人們因為獲得了某個產品，使自我感覺好了很多，於是你想感受那種經歷，從而振作自己。

再具體回想一個你迫切想獲得某樣東西的過程。沒得到它時，你幾乎痛不欲生；一旦得到了，你馬上感到滿足和愉悅，有一種強烈的興奮感。但是你要知道，你不是因為得到它而愉悅，而是因擺脫了欲望的痛苦而愉悅，愉悅其實來自擺脫痛苦後的解脫，而不是東西本身。

如果沒有購買那樣物品，你並沒有損失，仍然會開心，可是，廣告商會把「你一定要有」的想法灌輸到你的意識中，你就會嚴重地患得患失。

這就是擺脫物質的難點所在：你買了一件物品，想讓它緩解自己的痛苦，然而一旦擁有，你又會感到如果丟掉它會增加你的痛苦。在每次出門購物前都要思考一下，我需要什麼？或者最好列一個購物清單，這樣不但可以避免買漏了東西，又可防止買無謂的東西。當你看上一件喜歡的衣服或其他東西時，拿出錢包想要付款時，先暫停想一想這三個問題：我需要它嗎？它適合我嗎？家中有嗎？這三點都考慮清楚後再買來的物品，一定是你需要並且讓你感到舒適的東西。

服飾的流行是沒有盡頭的，永遠都有無數的服裝設計師在年復一年地製造新的時尚，快節奏的生活讓你無暇點查自己的衣物，於是很可能會買到款式、顏色類似的衣服。

所以女人要經常整理自己的衣櫥，做好搭配，有計劃地補充；對於超出範圍的衣物，最好連看也不要看，如果你已經有同類型的款式，那麼再便宜、再漂亮的衣服也不要列入清單，避免盲目擴張衣櫥和進行不必要的重複性消費。從此，你就會告別亂買和無目的的消費了。

7 像珍惜自己一樣，珍惜那些篩選過後留下的衣服

杯子對主人說：「我很寂寞，給我點兒水吧！」

主人問：「如果你擁有了想要的水，就不會感到寂寞了嗎？」

杯子說：「應該是吧！」

於是，主人把開水倒進了杯子裡。水很熱，杯子感覺自己快要被融化了。它想：這也許是愛情的力量；水慢慢地變溫了，杯子感覺很舒服，它想：這就是生活的感覺吧！

水漸漸地冷卻了，杯子很害怕，但它不知道自己到底怕什麼，它想：也許這就是失去的滋味吧！水涼透了，杯子很絕望，它想：這是緣分的傑作吧！

杯子呼喚著主人：「主人，我不需要水了，你把水倒出去吧！」可是主人不在。杯子感覺自己壓抑地快要死去，它開始憎惡涼涼的水，心裡難過至極。

杯子用力一晃，水終於走出了杯子。

杯子很開心，卻不料自己掉在地上，它碎了。臨死前，它看到自己心裡的每一個地方都有水的痕跡，這時杯子才明白，原來它深深地愛著水，可惜它再不能把水完整地放在心裡了。

杯子在擁有水的時候沒有珍惜，殊不知從熱情到冷卻是事物的必經過程，無論怎樣轟轟烈烈的感情，最終都要歸於平淡的生活。最後，杯子失去了水，在它生命即將消逝的那一瞬間才恍然大悟：失去了永遠都失去了，後悔無用。

愛情如此，生活亦是如此。大清理之後，你的衣櫃是不是清爽很多了呢？留下來的衣服，都是最合我們心意的衣服，也是最可以穿出門、讓自己更加充滿自信的衣服。這樣的衣服穿的頻率自然提高了，對它們的珍愛程度也隨之提高，不會再胡亂地堆積，扔在角落裡好久也不理睬。

人生很多時候只有失去時才會珍惜現在擁有的，就如你扔掉一些不穿的衣服，你才會對留下的衣服更加珍惜一樣，學會滿足的藝術，滿足自己所擁有的，就能變得快樂。

03

頓

整理好你的針線籃，明天才能夠如約而至

十八世紀時有一個貴婦人問當時鼎鼎大名的伊曼紐爾・康得：

「康得先生，怎樣才能更有效地利用時間呢？」

康得回答得很簡單：

「整理好你的針線籃。」

1 新的一天是在慌亂中開始的嗎？

在辦公室裡，你是否常遇到這樣的情況：上司讓你找點資料，你找得滿頭大汗，就是找不著；會議馬上開始了，文件卻不翼而飛；當需要一件東西時，它總是不合時宜地和你玩「躲貓貓」，每天都會因為找東西而浪費很長的時間，甚至影響到工作。或許，是該改變的時候了。

魔法整理的核心就是整理自己，把我們從各種束縛與羈絆中拯救出來，進而使自己的人生和生活化繁為簡，返璞歸真。在辦公室中也同樣適用。

那麼，怎麼改造自己的辦公室呢？

◎工作數位化

將紙面上的東西，掃描之後全部存進電腦歸檔，日後尋找時便一目了然。當然，你一定不能忘了備份。

◎減少印表機的使用

儘量減少印表機的工作量，把文件以ＰＤＦ格式發送至參加會議者的E-Mail裡，或用PowerPoint播放，如此也可減少紙張的浪費。

◎以筆電取代桌上型電腦

筆記型電腦占用的空間小，也更機動性。

◎多一些護眼的綠色植物

在辦公桌上放置一些綠色植物，不僅能夠緩解長期使用電腦帶來的眼部壓力，還能夠為辦公室增添一點樂趣。

2別讓辦公環境影響你的工作節奏

英國研究專家奈傑爾．羅伯遜和研究人員曾對兩千人進行過調查，其中約有百分之四十的人說，他們經常因辦公桌上雜亂的紙張、用品而發怒，這種情緒又會轉移到工作效率上；反之，整齊清潔的工作環境，則會讓人更有幹勁。

所以，不要在你的辦公桌上堆滿東西，只把最必需的物品放在桌上，其他的東西收起來吧。每天抽出兩三分鐘的時間來整理一下辦公桌，保持桌面的整潔，便能提高工作時的專心程度，將對你的工作大有益處。

那麼要怎樣利用斷捨離的概念整理辦公桌呢？

第一步：斷，讓電線成為「隱」君子，消失在你的視線中。

辦公室空間小、各種線路成為辦公室一大亂源，可以將各種電線集中歸整，藏在辦公桌下或角落處。

第二步：捨，桌面只留必需品。

桌上永遠只放常用文具及重要公文，其他文件用檔案匣按類別歸檔，零食或私人物品則置於抽屜中。

第三步：離，告別雜亂，同類合併。

多利用層架或組合櫃，或自行ＤＩＹ設計置物櫃，將桌上各種文具分類擺放，如此不但一目瞭然，找東西時更有效率。

3凌亂的辦公桌並不代表你很努力

魔法整理是一個自我審視的過程。在這個過程中，我們會發現哪些東西是自己真正需要的，哪些東西是需要收起來的，而哪些東西是自己再也不可能用上的，是需要扔掉的。

HB公司一直以高效工作著稱。他們採用這樣的做法，每次會議結束後，就會將會議上分發的資料通通收集起來集中廢棄。該公司認為，那些書面文件的作用只是幫助大家在會議上進行討論、決策，會議結束，決策完畢，那些資料就沒有存在的價值了，不必耗費精力去保存，不如統一收集，集中處理，這樣既節省了存放空間，又使工作環境簡單、高效；同時，這些大量的紙質資源還可以回收利用。

要區分有用和無用，扔掉還是保存，我們可以把物品分為三類：一類是自己未來有可能用到的，我們需要把這些東西收起來；一類是自己一定會用到的，我們需要把這些東西留下來；第三類，我們在慎重思考後確定不再會有使用機會的東西，可以扔掉。

要想判斷一件東西該怎樣處理，這裡有三個小準則供大家參考：

◎是不是已經用過了？

◎是不是重複的、可替代的？

◎今後還會不會用得到？

當你無法判斷一件東西是否還有用的時候，就「暫時保留」。如果一年以後，這件東西還是沒有用過一次，那就下決心扔掉吧，不要猶豫。這樣，你的辦公桌會越來越乾淨，越來越整潔，你找東西的時間會越來越少，工作效率當然就會越來越高了。

4給你的物品歸檔，別再花時間來找東西

我們要合理配置辦公桌的空間，劃分區域，將物品歸位，每種物品要有屬於它的專有位置，才能不胡亂擺放，才能「需要什麼東西，立馬就能夠拿到」。此外每次用完一件東西後，就放回原位，而不是隨處擺放，這樣才能長久地維持桌面整潔。

我們可以把辦公桌劃為資料區、寫字區、書籍區等不同功能區，就會使工作變得簡單。從現在開始，逐漸養成保持辦公桌整潔的良好習慣，養成辦公桌面只放必需品的良好習慣，只有這樣，才能真正地與過去一成不變的辦公桌徹底斷捨離，以充沛的精力和良好的心情來迎接每一天的工作，提升工作效率。

5花費寶貴的時間找文件，只會讓工作變得很無趣

在工作中，很多人經常會隨手把文件一扔，當需要它的時候，又開始四處翻找。這種行為是不對的，從今天起，你需要與自己過往的散漫斷捨離，你需要學會整理檔案，不管這有多麼枯燥無趣。如果一開始就定好規則，設定好物品的擺放位置，養成習慣，徹底執行，之後就會輕鬆許多。

所以，養成好習慣很重要。制定好規則後就嚴格執行，養成習慣後，一切就水到渠成了。

儘管你平日工作有條不紊，深受老闆和客戶的讚許，可如果在關鍵時刻「掉鏈子」，會讓他們倍感失望。倘若你的工作是幫助別人，而需要的東西總是找不到，那會浪費別人多少時間啊。

要處理像洪水一樣多的檔案、文件、圖表，不要急，只需要準備以下幾樣東西：

◎檔案匣；

◎迴紋針；

◎簽字筆。

是的，只需要這三樣東西，整理檔案並沒有你想像的那麼複雜，你只要花時間先把文件按照類別分類，然後再用迴紋針把它們夾好，按使用的時間先後放在檔案匣裡。再用簽字筆在封皮上標明內容主旨即可。

將寶貴的時間花費在找文件上，只會讓工作變得很無趣，也會給你帶來很多壓力。從現在開始，與這樣的工作狀態斷捨離吧，採用這些簡單的技巧，建立一套適合自己的文書歸檔系統，應用在生活中將讓你的生活更輕鬆。

6你有沒有想過，你的電腦也該瘦身了

儲存空間對電腦來說是很重要的。當你的電腦桌面佈滿了各種沒有用的資料夾時，這些空間裡的雜物就會影響你，使你陷入一種混亂、喘不過氣來的狀態。結果，你為自己創造了許多問題，生活不再順暢，思路不再清晰。

你的電腦需要除草，就像生活中其他的空間一樣。電腦中任何沒用的東西都是雜草，你與電腦互動的方式正使你的生活陷入困境和失望之中。

清理電腦空間，也是一種斷捨離，我們應該怎樣對電腦進行斷捨離呢？首先，裝上防毒軟體，它會幫我們排除一些不相干的程式；另外，每天的重要工作備份後，立即點擊電腦螢幕上「工作列」中的「刪除所有離線內容」功能，便可清除電腦記憶及暫存空間；每天一次，可以為電腦大大加速。

定期對電腦內的灰塵進行清理。電腦聚積的灰塵有可能影響主機散熱，導致運行速度變慢，甚至當機，解決辦法就是在電腦關機後打開主機殼，用吹風機吹，以達到除塵的目的。

電腦桌面上的東西越少越好，久久不用的檔案就進行刪除或移到其他槽區。

刪除多餘的字體檔。字體檔會佔用硬碟不少空間，進入C：\Windows\Fonts目錄，就能看到你所安裝的所有字體，把視圖模式改為大圖示就能看出你所需要刪除的字體樣式，找到該字體後，打開右鍵功能表，點擊刪除就可以了。

關閉自動更新。將自動更新改為手動。這些都是給電腦「瘦身」的好辦法。

7 下班了，也讓你的辦公桌愉快地下班吧

「反正明天還要接著做，先放這兒吧！」相信這是很多人內心的想法，於是大部分人的做法是，下班時間一到就停止工作，把手頭上的工作直接攤在桌上一走了之。

但是，這樣的習慣往往會給工作造成極大的不便，甚至導致工作的重大失誤。

不收拾桌面就匆匆下班，是非常不好的行為，甚至是一種不負責任的行為，因為很容易導致公司重要決策洩密，這是所有公司都不能容忍的，所以千萬別因為明天還要用，今天就不用收拾，任由檔案就擺在桌上下班走人。

除了有洩密的危險，還會給自己第二天的工作造成很大的困擾，因為第二天，你的工作很可能會被新的安排所打亂，你不得不花時間來整理昨天留下的亂攤子，工作效率自然就會降低。因此，下班前務必把辦公桌上的東西清理乾淨後再回家，將文件放置抽屜中，並且保持這樣的習慣。

將辦公桌「歸零」，不僅可以為當天的工作畫上句號，也有利於第二天在整潔的辦公桌上展開工作，相信沒有人願意一大早就看到一張凌亂不堪的桌子，如果從清晨開始面對一張整潔乾淨的辦公桌，心情自然而然地就會好起來，就會以一個全新的狀態投入到工作中去。

除此之外，這也是調整心情的一個過程，能讓你回家後不再思索工作的事，不然很容易將工作上的壓力和心情帶回家。如果回到家，你滿腦子仍然是工作中的事情，做什麼都會精神不集中，也會影響家庭氛圍，造成惡性循環，所以，將辦公桌清理乾淨，輕輕鬆鬆地回家，休息好了，第二天才能以更好的精神狀態迎接工作。

科學調查顯示，如果你能做到每天抽出兩三分鐘的時間來整理一下辦公桌，保持辦公桌面的整潔，必定能提高工作時的專心程度，將對你的工作大有益處。

學會斷捨離，就是要今日事今日畢，把今天的工作了斷在今天，不拖泥帶水，不纏雜不清，明天又是一個全新的開始，這樣才能保持每一天的高效率。

首先，我們要對自己辦公桌上的物品進行斷捨離，對它們做加減法。

不管你任職的公司規模有多大，辦公空間有多大，你總會有一個完全屬於自己的空間——辦公桌。它是你的私密空間，別人無權干涉。可若用得著用不著的東西都擺在桌面上，影響辦公環境不說，勢必也會耽誤工作效率，所以整理辦公桌的行動迫在眉睫。

◎**把必需品留在桌面**。必需品必須如同你的錢包一樣，放到你觸手可及的地方，隨時用隨時取，比如電腦、筆記本、每天都要翻閱的資料等，減少取東西時所需的時間，高效自然降臨。

◎**有用無用，交給時間**。初步整理時難免會遇到這種情況，不知道手中的東西到底有用沒用，所以猶豫不決。面對這種情況，一切就交給時間吧，如果這個東西你已經兩三個月沒有用到它，那麼就捨棄吧；若不知道以後會不會用得到，你可以再留在手中一個月，如果它仍舊沒被動用，那麼可以考慮把它「辭退」了。

◎**捨得丟棄**。沒有利用價值的東西要斷然地讓它沉睡於垃圾桶中，要知道，太多的無用品可是會成為你升值加薪的絆腳石。

◎**一定會用到但偶爾才會用的物品收起來**。這類物品一定會有用武之地，但不會經常需要它，所以把它們集中放進抽屜再適合不過了。

人在職場，效率就是王道，先有好的開端，才會過有序的職場生活。

04

心不贅物，在繁雜的世界裡簡單的活

你可以享受金錢，尊重並使用它，合理地規劃你的花銷。

沒錯，你還可以夢想擁有更多的金錢，但你要記住，千萬不要為金錢而活。

1心不贅物，自在逍遙

我們總是將快樂簡單地定義為欲望的滿足，認為只要得到了自己想要的東西，完成了心願，就可以獲得幸福，而欲望的滿足常常又定義在榮華富貴這些浮世的繁華之上。我們之所以常常感到不快樂和幸福，是因為自己的欲望不斷在膨脹。我們渴望得到更多，渴望擁有更多，所以永遠都在不知足中苦苦掙扎，永遠都在為自己的富貴計畫而煩惱。這樣一來，人生自然就難以快樂起來。

還記得莫泊桑的小說《項鍊》裡的女主角瑪蒂爾德．駱塞爾嗎？她住著寒磣的房子，卻夢想著幽靜的廳堂；她吃著「好香的肉湯」，卻夢想著名貴的佳餚；她有先生的呵護，卻夢想著另外結交親密的男友；現實和夢想的落差很大，因此她整天生活在痛苦中。

但顯然這痛苦是她自找的，可謂木匠作枷——自作自受。

瑪蒂爾德為了參加舞會而向有錢的女朋友借來「鑽石」項鍊，從而在舞會上大出風頭，讓自己膨脹的虛榮心得到了最大限度的滿足。

但樂極生悲，項鍊的丟失使她不得不用十年的節衣縮食和艱辛努力來償還債務。於是她辭退了女僕一職，遷移了住所，生活由溫飽變成貧困，她也由夫人變成了平民婦女。

等她還清所有債務後，才得知所丟的項鍊是假的，而她竟為了一串才值五法郎的假項鍊付出了十年的艱辛，消磨了十年的青春年華。

如果當年參加舞會，瑪蒂爾德聽從丈夫的話，簡單戴上幾朵花，或者乾脆什麼都不戴，單純地去享受那份愉快，那麼之後她的人生肯定大不同，強烈的虛榮心毀掉了她的一生。

擁有名牌服飾的女人們，真的幸福嗎?也許她們不過是物質的奴隸。華麗的服飾是用來裝點人的，使美麗的女人錦上添花，普通的女人增加亮采，然而終究是外在的東西，只能做女人的配角。

幾個年輕人一同外出度假，在海邊，他們看見一棟五層樓的小旅館，他們決定在這家旅館過夜。

旅館的門童向他們解釋道：「我們一共有五層樓，你們可以一層一層地走上去，一旦覺得某一層的設施令你們滿意，你們就可以停留下來。為了幫你們做出決定，我們在每一層樓都立了塊告示牌，上面寫明了這一層都有些什麼。但是要記住，一旦決定住某一層，就不能再反悔。」

年輕人聽明白這規則後，都很感興趣，他們走進了旅館。

在第一層樓，他們看到告示牌上寫著：「這裡的房間床板都很硬，地毯也是舊的，而且沒有早餐的服務。」看了這個，年輕人毫不遲疑地向樓上走去。

第二層的告示牌上寫著：「這裡的房間還好，床板不太硬，地毯半新，但沒有早餐服務。」這個當然也沒能留住幾個年輕人的腳步。

他們行進到第三層樓，告示牌上寫的是：「這裡的房間很舒適，床很軟，而且還有早餐服務，惟一不足的是地毯有些舊了。」

這個看起來不錯，年輕人討論著，可是上面還有兩層樓呢。於是，他們還是放棄了。

到了第四層，這一層的告示牌上的內容幾乎是完美的：「這裡不僅房間舒適，而且所有用品都是新的，並且，明早會有客房早餐服務，我們還會送您水果。」

這一次，年輕人都非常感興趣。他們商量了一會兒，結果卻沒有達成一致，因為有人還想到第五層看看。

他們終於來到了第五層，然後都傻眼了，這一層空蕩蕩的，連一個房間也沒有，告示牌上寫著一行字：

「這裡沒有房間，更不用說一個舒適的夜晚，設置這一層樓的目的只是為了玩笑，遺憾的是，您是又一個被玩笑捉弄的人。」

中國的禪宗有一種大智慧，認為人的物欲把人引向了歧途，使人變成了苦役犯。因而它主張驅除欲望，體味真的生活。禪詩云：「春有百花秋望月，夏有涼風冬聽雪，心中若無煩惱事，便是人間好時節。」這意思是不為物欲所累便能獲得幸福。

中國世俗聖賢中也不乏這類覺悟。當年孔子誇獎他的學生顏回，說「一簞食，一瓢飲，在陋巷，人不堪其憂，回也不改其樂」，這是說生命本來的喜悅絕不是貧困所能剝奪的。

兩個僧人從山間走過，看到一位隱士正在耕田，僧人說：「我們特地來拜訪您，因為您是一個有大智慧的人。我們都知道，您曾是宰相，在最鼎盛的時候自願離開朝廷，在這裡隱居。我們想知道，是什麼讓您願意過這麼簡樸的生活？」

隱士說：「家財萬貫，一日不過三餐；廣廈萬間，夜眠不過三尺。我有什麼放不下的？如今我每日怡情養性，著書立說，過得是最逍遙的日子。」

僧人聽了不禁感嘆：「這是智者才說得出的話啊。」

隱士認為他簡樸的生活逍遙快活，就像當下流行的極簡生活：人生只需吃能夠解決溫飽的飯，無需山珍海味，無需滿漢全席；人生只需住可以容身的房子，無需雕梁畫棟，無需廣廈千尺；人生只需要穿可遮蔽身體的衣服，無需錦衣華服，無需珠飾環佩。這樣的生活對於多數人而言未必會很精彩，但是一定也能夠從中找到最純的幸福。

我們常常昂首去尋找天際的風，卻不知風正在指尖纏繞流走，正在周身遊弋飄蕩。其實，只要心不贅物，那麼人生就不會被外界的繁華世界所束縛，只要心境淡薄，那麼自在逍遙就會無處不在。

2人生如糖果，心無所欲皆是般若

複雜是生命的一種痛苦，簡單是生活的一種美好。

生活是複雜的，然而我們卻能選擇簡單的生活方式。過於在意生活中的繁雜，那麼生活就變得繁雜，萬事看得簡單一些，自然就能找到一種簡單的生活方式。將萬事看得淡一些，不要為自己的生活添加太多華而不實的點綴，那些只能成為生活的負累。

生活也好，感情也罷，看得簡單，便是簡單，如果時常擔心憂慮，那麼就感受不到幸福所在。不要為那些事情而憂慮，萬事看開一點兒，也就自然簡單一點兒，愛也好，生活也好，都會變得很簡單。

人們總是弄不清楚什麼才算幸福，於是總覺得自己離幸福還有距離，所以想盡辦法去追求看不見的「幸福」，結果，這除了讓我們的生活變得極其憂慮複雜外，沒有任何改善。其實，幸福就在我們身邊，只要少一些物欲，學會讓內心滿足，讓自己的生活變得簡單一些，就能把握住幸福。

一個陽光明媚的上午，愛因斯坦剛要走出辦公室，助手過來告訴他說：「有人想請你週末去做一次演講，報酬是一萬元。」

愛因斯坦沒有絲毫的猶豫，便一口回絕說：「我週末有安排了，沒時間。」

「難道您不能少給蘇菲補一次課嗎？」助手知道他每個週末都要去給讀初中的小女孩蘇菲輔導數學。

「不能，我還想著她的糖果呢。」愛因斯坦笑笑地說。

「她的糖果就那麼甜嗎？」

助手不明白他對那個偶然認識、並不知道他大名的小女孩為何那樣用心，寧可推卻許多為自己贏得更大聲譽、賺得豐厚報酬的講座或賺錢機會，也要風雨不誤地去給她輔導數學。要知道，蘇菲付給他這位「數學特好的老頭」的報酬，就是將她的糖果分一半給他。

這一天，看到愛因斯坦又滿面春風地從蘇菲那裡回來，助手忍不住好奇地問他為什麼那樣高興。愛因斯坦自豪地告訴助手：

「今天，蘇菲的老師誇獎她，說她數學有了不小的進步，說她找了一個優秀的家庭教師。小女孩很高興，特別獎勵了我一把糖果，這讓我感到特別地愉快。」

後來，在愛因斯坦的日記中，人們又看到了他對這件小事的重視——他說蘇菲那天送給他的那把糖果，只是拿在手裡看著，心裡就有一股特別的甜味。它帶給了他無比的快樂，帶給了他十分珍貴的財富。

原來，在這位聞名遐邇的大科學家眼裡，小女孩燦爛的笑容和一把普通的糖果，就是滋潤生命的最好甘泉。

快樂有時候真的很簡單，沒有必要用富貴來裝飾和渲染，有錢人過著有錢人的生活，體味著有錢人的幸福，但是貧窮者可以過著貧窮人的生活，體驗著貧窮人的幸福。沒有人的幸福會被剝奪，或貧或富，快樂並沒有區別，只要心裡感到滿足，這就足夠了。物質生活的一切裝飾有時候顯得虛偽和多餘，而平凡生活中的快樂和幸福反而來得更為真切單純，更能夠打動人心。

一個國王有一個獨生子。國王很疼愛王子，可王子總是鬱鬱寡歡，整天站在陽臺上看著遠處。

「你還缺什麼嗎？」國王問他，「你到底怎麼了？」

「我也說不清，爸爸，我自己也不清楚。」

「你戀愛了？如果你想要哪個姑娘，告訴我，我會安排你們結婚的，不論是世界上最強大的國王的女兒，還是最窮困的農家女子，我都可以替你解決！」

「不是，爸爸，我沒愛上什麼人。」

國王想方設法為兒子解悶，舞會、晚宴，各種娛興節目都毫無效果，王子臉上的紅潤一天一天消退。

國王只好發出命令，從世界各地找來許多最有學問的人：哲學家、博士、教授。他讓大家見了王子，然後徵求每人的意見。

這些人想了想後，對國王說：「陛下，我們想過並研究了星象，認為必須這樣做：找到一個非常快樂的人，這個人從無煩惱，也無奢望，然後把他的襯衫跟王子的交換一下就行了。」

當天，國王就派出使者到世界各地尋找這個快樂的人。

一個神父被帶了回來，國王問他：「你快樂嗎？」

「很快樂，陛下。」

「那好。你願意成為我的主教嗎？」

「太好了，陛下！」

「快滾出去！我要找的是一個安於本分的幸福的人，而不是一個不滿於現狀的人。」

國王聽說鄰國有一個國王幸福又快樂，他有一個善良美麗的妻子，子女成群，曾在戰爭中打敗所有的敵人，現在國泰民安。滿懷希望的國王當即派出使者去向他求討襯衫。

鄰國國王接待了使者，說：「對，我什麼東西也不缺，可悲的是，當一個人擁有了一切，卻還得離開這個世界，拋棄這一切！每次這樣一想，我就深感痛苦，夜不能寐！」

使者一聽，覺得還是回去吧。

國王一籌莫展，只好去打獵散心。

他射中一隻野兔，以為可以抓到牠了，沒想到野兔一瘸一拐地逃走了。國王尾隨野兔，追到一處野地，聽見有人在哼著鄉村小調。

國王想：唱歌的人一定是個快樂的人！就循著歌聲來到一座葡萄園，在葡萄藤下，他看到一個小夥子邊摘葡萄邊唱著歌。

「您好，陛下。」小夥子說，「您這麼早就到鄉下來了？」

「小夥子。你願意讓我把你帶到京城嗎？你可以做我的朋友。」

「啊，陛下，我不願意，我一點也不想去，謝謝您。就是讓我做教皇，我也不願意。」

「那是為什麼？」

「跟您說實話吧，我覺得現在的生活很快樂，我很滿足。」

國王想，我總算找到了一個幸福的人啦，於是說道：「年輕人，你幫我一個忙吧。」

「陛下，只要我能做到，我會全力以赴的。」

「你等等，」國王欣喜若狂，叫隨從過來：「快過來！我的兒子有救了！」然後對小夥子說：「小夥子，你想要什麼我都可以給你，只要你給我……」

國王抓住小夥子，解開他外衣的扣子，突然，國王僵住了，手耷拉了下來。

這個快樂的人竟沒有襯衫。

由此可見，簡單不是對人生的退縮，不是清心寡欲，而是清醒中的深刻，明智中的理性，更是一種至純至美的人生境界。正如一位哲人所言：「生命如果以一種簡單的方式來經歷，連上帝都會嫉妒。」不用挖空心思去依附權勢，不必去貪圖名利富貴，用不著留意別人看你的眼神，不去計較那些不必要的複雜，該哭就哭，想笑就笑，簡簡單單地存在著，勢必能夠收穫一顆若蓮素心。

3本來無一物，何處惹塵埃

人，天生是欲望動物，總是有著無窮的欲望。這種欲望就是靈魂中的癢，痛可以止住，但是癢卻是越撓越想撓。

欲望就是個永遠無法滿足的東西，如同骨牌效應，打開一扇門，緊接著其他的門跟著就打開了。而絕大部分欲望是無用的，只會讓你的生活變得複雜。

人們總是在不停地往前衝，以為前面有很多東西在等待我們，其實很多東西是在我們身後。我們應該停下來等一等被我們落在身後的靈魂。

七十八屆奧斯卡金像獎頒獎典禮上，李安憑藉一部《斷背山》獲得了最佳導演獎，他也成為第一位獲此殊榮的華人導演。

記者採訪李安時，李安稱《斷背山》是一部因為「沒有野心」而成功的作品。

李安憑藉著《推手》、《喜宴》和《飲食男女》奠定了他影壇的地位；《臥虎藏龍》讓他初登奧斯卡獎台，成為好萊塢最風光的華人導演。

拍完《臥虎藏龍》後，他又拍了一部轉型之作《綠巨人》，沒想到卻遭到了挫敗。影片的失敗加上身心俱憊，使李安萌生了退意，準備再拍一部電影就告別影壇。

到底要拍一部什麼樣的作品呢？

這時，以前一直反對李安從影的父親給了他一個建議：讓他把過去的榮辱成敗全部「放下」，完全隨自己的心意，按自己的風格，拍一部真正喜歡、真正想拍、不去考慮市場和票房、不在乎得獎與掌聲的電影。

李安聽從父親的勸告，專注地投入到《斷背山》的拍攝中。

這是一部小成本的性情之作，沒想到它一推出就贏得觀眾的心，征服了奧斯卡評委，讓李安奪回所有電影人都夢想的小金人。

李安得到奧斯卡獎，要感謝他當初「沒有野心」。如果他一心只盯著奧斯卡，就可能不會選擇《斷背山》這個題材。即使選擇了《斷背山》，也可能不會拍成現在這種風格，而是另一部《綠巨人》，那麼結局實在難以預料。

俗語云：「欲壑難填，做了皇帝想神仙。」欲之不剪就會使心如洪水猛獸，出手就窮凶極惡，所以只能用智慧之剪去修剪欲望，才可保一世平安。

叔本華說：「欲望過於劇烈和強烈，就不再僅僅是對自己存在的肯定，相反，會進而否定或取消別人的生存。」用「上帝的命定」或「天理」來取消或壓制別人的欲望是不合理的，但過度推崇與放縱欲望也是愚蠢的。欲望需要理智的調控與節制，它絕不像有人聲稱的那樣，是文明發展的唯一動力。

人是欲望的產物，生命是欲望的延續。然而欲望的有效性與必要性是有限度的，總有新的欲望會無休止地產生出來。由於欲望這種不知饜足的特性，欲望的過度釋放會造成破壞的力量。

古時候有一個放羊的男孩，偶然間看到一個深不可測的山洞。好奇心促使他一步一步地往裡走。

突然，在洞的深處出現一個金光閃閃的寶庫。放羊的男孩從來沒有見過這麼多的金子，他很高興，從幾萬噸的金山中拿了小小的一條金子。他自語道：「要是財主不再叫我幫他放羊的話，這幾十兩金子也夠我生活一段時間了。」

他回到放羊的山上，然後將羊趕回老財主家，如實地將今天發現金子的事告訴了老財主，還把撿到的那塊金子拿出來給財主看，讓其辨真假。

財主一看二摸三咬之後，將放羊的男孩拉到身邊，急切地問藏金的洞在哪裡。當男孩把山洞的大體方位說出來後，財主馬上命管家與手下的打手們直奔男孩放羊的那座山，還擔心男孩的話不真，就讓男孩帶路。

當財主見到金山後，高興得不得了，將金子塞進自己的衣袋，還讓一起來的手下猛拿。

這時，洞裡突然傳來聲音：「人啊，別讓欲望負重太多，天一黑山門就會關上，你不但得不到半兩金子，連老命也會在這裡丟掉。」

可是財主聽不進去。他想：山洞這麼空闊，且又那麼堅硬，就是天大的石頭砸下來，也砸不到自己的面前；何況這是金子，不拿白不拿，於是財主仍然不停地裝運，非要把金山搬空不可。

突然一陣轟隆的雷聲響起，山洞被從地下冒出的岩漿吞沒，財主真的把命給丟在了山洞裡。

伊索說過：「許多人想得到更多的東西，卻把現在擁有的也失去了。」這可以說是對得不償失的最好詮釋了。

欲望是無止境的，我們有太多的需求，然而，在我們滿足欲望的同時，也會相對地迷失自己，並產生一種錯覺，認為財富和地位就代表了一切。當一切失去的時候，我們就會驚慌失措，無依無靠。

托爾斯泰也曾經說過：欲望越小，人生就越幸福。**人生最大的苦惱，不是在於自己擁有得太少，而在於自己欲望太多**。欲望本身不是壞事，但欲望太多，而自己的能力又達不到，就會造成長久的失望與不滿。因此，不管我們做什麼，都要適可而止，放棄那些無止境的沉重的欲望，這樣才不會徒增煩惱與壓力，才能輕鬆地享受生活，穩步取得成功。

面對生活諸多煩惱，保持一顆平常心，我們就不會去斤斤計較生活裡的得失，就能在平凡的生活中尋找到快樂，就會有「笑看庭前花開花落，靜觀天上雲卷雲舒」的輕鬆。

4 丟掉熊掌，只追趕一隻兔子

在生活中，當我們遇到「魚和熊掌」不可兼得的情況，或被無窮無盡的欲望所累時，不如暫時忍痛割愛，放下一些貪念，這不是逃避、不是懦弱，而是明智的選擇，只有如此才能開始嶄新的歷程。

俗話說，一個人不能同時追趕兩隻兔子。如果一隻兔子朝東，一隻兔子朝西，這個人只能留在原地踏步，一無所獲；如果兔子再多一點，這個人恐怕連怎麼抓兔子都忘了，光顧著想究竟追哪隻好了。

大千世界，機會無處不在，誘惑無時不有，如果不能認定一個，而是四面出擊，不論是精力還是頭腦都會不夠用。

先賢孟子曾說過：「魚，我所欲也，熊掌，亦我所欲也，兩者不可得兼。」就是說在人生旅途中，我們經常會遭遇到許多兩難的問題。選擇就意味著要放棄其中一樣。可是，有時我們所面對的並非西瓜和芝麻這樣簡單的選擇，有可能是兩種你同樣喜愛，並且都想得到的東西，讓你兩樣都難拋下。這時，你該如何去做呢？

問題的關鍵所在，要認清你真正需要什麼，哪一種對我們更重要，這樣才能找到我們前進的方向。方向找對了，選擇也就相對容易了。

慧遠禪師年輕時喜歡雲遊四海。有一次，他遇到一位嗜好吸菸的人。兩人一起走了很長一段山路，然後坐在河邊休息。

行人給了慧遠禪師一袋菸，慧遠高興地接受了行人的饋贈。兩人一邊抽菸，一邊聊天，談得十分投機。分手前，行人又送給慧遠一根菸斗和一些菸草。

待行人走遠，慧遠想到：菸這種東西令人十分舒服，肯定會干擾我的禪定，時間長了一定難以改掉，還是趁早戒掉為好。於是，他把菸斗和菸全部扔掉了。

幾年後，慧遠迷上了《易經》。那年冬天，天寒地凍，他寫信給自己的老師，要求給他寄一件棉衣。但是信寄出去很久，棉衣也沒有寄來，於是慧遠現學現賣，用《易經》為自己卜了一卦，結果顯示那封信並沒有送到老師那裡。他心想：易經占卜固然準確，但如果我沉迷此道，怎麼能夠全心全意地參禪呢？從此，他再也沒有接觸易經之術。

之後，慧遠又一度迷上了書法。他每天鑽研，居然小有成就，有幾個書法家對他的書法讚不絕口。但慧遠轉念想到：我又偏離自己的正道了。再這樣下去，我可能成為一個書法家，但永遠也成不了禪師。

於是，他再次收束心性，一心參禪，遠離一切和禪無關的東西，終成一代宗師。

俗話說，人心不足蛇吞象，這是關於貪心的一個形象比喻。一隻蛇想要吞下一條大象，就像我們每天面對外部世界的誘惑，什麼都想得到，偏偏我們精力有限，金錢有限，如果一味去追求，有可能讓自己累倒在半路。就算有一座金山擺在眼前，我們能拿的，也只是自己拿得動的那一部分，不然不是在半路暈倒，就是在金山裡餓死。

就像小時候，我們嘴裡吃著糖果，卻總是想著沒吃到的餅乾，目標太多，就會造成心理上的混淆，最後吃到嘴裡的都不香甜。

我們也常常顧此失彼，不看自己手裡的這個，而是緊盯著別人手上的，最後兩邊落空，不如簡單一點，專一一點，把握住自己眼前的東西，因為抓得住的永遠比抓不住的重要，自己手裡的總比別人手裡的安全。

人生的道路也是如此，很多時候，我們不止有一個選擇，哪個方向都有自己想要的東西，哪個方向都是一種誘惑，我們必須下定決心選擇一個，才能用最短的時間到達目的地。

選擇也需要智慧，我們選擇的地方不應該是虛幻的海市蜃樓，而是那些我們相信自己有足夠能力到達的地方。任何時候，專一的人比左顧右盼的人擁有更多成功的機會。

5寧可笑著放棄，也不哭著擁有

生命如舟，載不動太多的物欲和虛榮，要想在抵達彼岸前不至於中途擱淺，就必須輕載，只取需要的東西。

這也是斷捨離的真諦。面對生活中的種種誘惑和考驗，人們難免總想得到；然而人一旦被貪欲、物欲、色欲所羈絆，就不能輕鬆前行，只有將不必要的欲望統統拋棄，**果斷地與欲望斷捨離，才能真正地主宰自己的人**

生，否則只會成為欲望的俘虜。

有個揚州人善於游泳。一天，河水暴漲，水勢很急，他與同村的五六個同伴一起乘船到河對岸去辦事，哪知天有不測風雲，船到河中間的時候突然破了，水湧進船裡，眼看船就要沉了，因為都識得水性，於是大家乾脆跳下船去，準備游到對岸去。

這個人也跳下了船，雖然拼命地向前游，卻游得很慢。

同伴問他：「你平時游泳比我們都強，今天是怎麼啦，竟然落在我們後面？」

這個人吃力地說道：「我腰上纏著五百大錢，很重，所以游不動。」

「趕快把它解下來，丟掉算了。」同伴們勸他。

可是他搖頭，捨不得扔掉這五百大錢。

此時，同伴中有人已經游到了對岸，看見這人馬上就要沉下去了，朝他大喊著：「快把錢扔了！你為什麼這樣愚蠢，連性命都保不住了，還要這些錢有什麼用？」

可是這人終究還是捨不得扔掉錢，不一會兒就沉下去淹死了。

金錢是重要的，俗話說得好：「錢不是萬能的，但沒有錢萬萬不能。」現實世界中，沒有金錢真的寸步難行，買房、買車、結婚、旅遊，樣樣需要錢；孩子上學、老人治病，少一個子兒就急死人；就是上個廁所，有時候也得花錢，所以過日子真少不了錢。據說百分之八十的人生目標，都可以通過金錢得以實現。

然而，金錢也是把雙刃劍，它能創造精彩的人生，也能讓人自取滅亡。就像上面那個人一樣。所以一定要學會與欲望斷捨離，別讓金錢蒙住了自己的眼睛，斷送自己的幸福。

有一個小男孩，他喜歡動物、跑車與音樂，從小就有很多夢想。

禱告時，他對上帝說：「我想了很久，終於知道自己今後想要什麼樣的生活了。」

上帝問：「你想要什麼？」

他回答：「我要在城裡有一棟大房子；我要娶一個高挑、美麗的女子為妻。她長著黑黑的長髮，性情溫和，有一雙藍色的眼睛，她唱起歌來很能打動人；我要有三個健康的孩子，我們可以一起游泳、踢球。他們長大後，一個當科學家，一個做醫生，一個做律師；我要成為一個冒險家，並在途中救助他人；我還要有一輛紅色的法拉利，而且永遠不需要搭送別人。」

上帝笑笑說：「你的這些夢想真美妙，希望你長大後都能實現。」

長大後，他出了一次車禍，腿瘸了，從此再也不能登山、爬樹、航海了。後來，他專門經營醫療設備，再後來，他娶了一位美麗的女孩，有黑黑的長髮，個子卻不高、眼睛不藍，也不會唱歌，但卻做得一手好菜，畫得一手好畫。

後來，他在城裡買了房子，不大卻夠全家人生活。他沒有兒子，卻有三個美麗的女兒。

他擁有一輛車，只是不是紅色法拉利，還經常需要用來載貨。

一天早上醒來，他突然想起多年前的夢想，於是他很難過地對周圍的人抱怨他的夢想沒能實現。他認為這一切都是上帝同他開的玩笑，最後他因為過度悲傷而住進了醫院。

到了晚上，他又跟上帝提起他的夢想：「你還記得在我還是個小男孩時，對你講述的那些夢想嗎？」

上帝回答：「記得，那都是一些美妙的夢想。」

「那你為什麼不讓我實現呢？」他傷心地問道。

上帝回答：「我只是想讓你驚喜一下，給你一些你沒有想要得到的東西。一個好太太、一份好工作、一處舒適的住所，這是多麼好的組合；還有三個可愛的女兒……」

「是的。」男人打斷上帝的話，說：「但是我以為你會把我真正想要得到的東西給我。」

上帝回答：「我也以為你會把我想要的東西給我。」

男人沒想過上帝也會有想要的東西，詫異地問：「你希望得到什麼？」

「我希望你能因為我給你的東西而感到快樂。」上帝溫柔地答道。

他在黑暗中想了一夜，想到了一個新的夢想。他的新夢想就是有一份好的工作、住在能看到大海的公寓中、妻子會做菜和畫畫、有三個可愛的女兒。而這些，就是他現在所擁有的。

從此之後，他過得非常快樂。他終於明白快樂從未離開過他，只是以前的他不懂得滿足，才沒發現手中所擁有的快樂。

不要讓欲望把心裝得太滿，追求過多，等於是給生活上了一把無形的鎖。正當的欲望是合理的，但是一個喪失心靈自由的人談何快樂？所以，金錢夠用就行，實在沒有必要為了錢而失去大把快樂的時光。

那麼生活中，我們該如何克制自己的貪欲呢？

首先，對需求進行分類，把想要的東西分為「必需品」和「身外物」。

其次，學會享受克制欲望的自控感，比如，經常去商店觀賞一件喜歡而超過支付能力的東西，其實比真正買回來的快樂更持久。

最後，如果貪欲來自對別人的羨慕，就要告訴自己，雖然自己沒有別人擁有的東西，但也擁有別人沒有的東西。記住，生命是一葉輕舟，載不動太多的欲望，要想使船在抵達彼岸時不至於在中途擱淺或沉沒，就必須輕載，只取需要的東西，把那些不需要的東西統統都捨棄掉。

6別總顧著鞋的好看，而弄疼了自己的腳

司馬遷說：「天下熙熙皆為利來，天下攘攘皆為利往。」人活於世，追求名利是一種常態，一個人要想實現自身的價值，想讓更多人瞭解、尊重，這樣的名，是每個人需要得到的；一個人想要通過努力累積財富，

改變自身的條件、個人的生活，這樣的「利」是每個人必須追求的。「名利」並不是一個貶義詞，人們會說「名利害人」，是因為有人過度地追求名利，以不正當的方式得到名利，換言之，害人的不是名利，而是自己的心靈。

曼谷的西郊有一座寺院，因為地處偏遠，香火一直非常冷清。原來的住持圓寂後，索提那克法師來到寺院做新住持。

初來乍到，他繞著寺院四周巡視，發現寺院周圍的山坡上到處長著灌木。那些灌木呈原生態生長，樹形恣肆而張揚，看上去隨心所欲，雜亂無章。索提那克找來一把園林修剪用的剪子，不時去修剪一棵灌木。半年過去了，那棵灌木被修剪成一個半球形狀。

僧侶們不知住持意欲何為，問索提那克，法師卻笑而不答。

這天，寺院來了一個不速之客。來人衣衫光鮮，氣宇不凡。法師接待了他。對方說自己路過此地，因為汽車拋錨，司機現在修車，他進寺院來看看。

法師陪來客四處轉悠。行走間，客人向法師請教了一個問題：「人怎樣才能清除掉自己的欲望？」

索提那克法師微微一笑，折身進內室拿來那把剪子，對客人說：「施主，請隨我來！」

他把來客帶到寺院外的山坡。客人看到滿山的灌木，也看到了法師修剪成型的那棵樹。

法師把剪子交給客人，說道：「您只要能經常像我這樣反覆修剪一棵樹，您的欲望就會消除。」

客人疑惑地接過剪子，走向一叢灌木，喀嚓喀嚓地剪了起來。

一壺茶的工夫過去了，法師問他感覺如何。客人笑說：「感覺身體是舒展輕鬆了許多，可是日常堵塞心頭的那些欲望好像並沒有放下。」

法師頷首說道：「剛開始是這樣的。經常修剪就好了。」

來客走的時候，跟法師約定他十天後再來。

法師不知道，來客是曼谷最享有盛名的娛樂大亨，近來他遇到了以前從未經歷過的生意上的難題。

十天後，大亨果然來了；十六天後，大亨又來了……三個月過去，大亨將那棵灌木修剪成一隻初具規模的鳥。

法師問他，現在是否懂得如何消除欲望。大亨面帶愧色地回答說：「可能是我太愚鈍，眼下每次修剪的時候能夠氣定神閒，心無掛礙，可是一從您這裡離開，回到我的生活圈子之後，我的所有欲望依然像往常那樣冒出來。」

法師笑而不言。

當大亨的鳥完全成型之後，索提那克法師又向他問了同樣的問題，他的回答依舊。

這次，法師對大亨說：「施主，你知道為什麼當初我建議你來修剪樹木嗎？我希望你每次修剪前都能發現，原來剪去的部分又會重新長出來，這就像我們的欲望，別指望完全消除。我們能做的，就是盡力把它修剪得更美觀。放任欲望，它就會像這滿坡瘋長的灌木，醜惡不堪；但是經常修剪，就能成為一道悅目的風景。對於名利，只要取之有道，用之有道，利己惠人，它就不應該被看做是心靈的枷鎖。」

大亨恍然。

名利並不可怕，可怕的是對名利無止境的貪念，真正摧毀一個人生活的並不是名利，而是隨名利而來的虛榮、黑洞一樣越來越大的欲望。追求名利，同時不被名利左右的人，才是有理想，有智慧的人。

7 做金錢的主人，而不是物欲的奴隸

從前有一個乞丐，他經常自言自語地說：「如果我發了財，我要讓

所有的乞丐都有房子住，吃飽穿暖，決不做吝嗇鬼……」

就這樣一遍遍地祈禱，終於有一天，神仙對他說道：「我聽到你的祈禱了，我給你一個有魔力的錢袋。這錢袋裡永遠有一枚金幣，是拿不完的，但是，在你覺得夠了的時候，就必須把錢袋扔掉，才可以開始使用那些金幣。」說完，神仙就不見了。

乞丐驚訝地揉了揉眼睛，以為自己是在做夢。他發現自己的身邊真的出現了一個錢袋，裡面裝著一枚金幣！乞丐把那枚金幣拿出來，裡面果然又有了一枚。於是乞丐不斷地往外拿金幣，他拿了整整一個晚上，金幣已有一大堆了。看著這些錢，乞丐想：這些錢夠我用一輩子了。

第二天一早，他拿著這些錢，準備到街上買麵包吃。但是在他花錢以前，必須扔掉那個錢袋，他捨不得扔掉那件寶貝，又繼續從錢袋裡往外拿錢。每次當他想把錢袋扔掉的時候，他就總覺得錢還不夠多。

就這樣，日子一天天過去了，他的金幣越來越多，多到可以買下一個國家。可是他總是對自己說：「還是等錢再多一些才好。」於是他不吃不喝拼命地拿錢，金幣已經快堆滿一屋子了，他卻變得又瘦又弱，臉色蠟黃無光。

他虛弱地說：「我不能把錢袋扔掉，金幣還在源源不斷地出來啊！」

就這樣，乞丐水米未進，已經成為大富翁的他，身體卻變得十分虛弱。即便如此，他還在用顫抖的手往外掏金幣。最後，由於又累又餓，終於死在成堆的金幣裡。

人們常常用「守財奴」來形容那些一心佔有金錢，擁有大量財富卻一毛不拔的人，他們雖然是富翁，看上去卻連窮人都不如，他們每花一分錢都覺得心如刀割，捨不得為自己、為別人消費，只想把錢堆在倉庫裡。

金錢的價值在於交換，可以給人們帶來各種層次的滿足，例如住房、飲食、衣著、娛樂……都能用金錢予以滿足，只要不過量，不濫用，擁有金錢就是生存和生活的保證。守財奴們卻把金錢當做收藏品，完全扭曲了金錢的價值。他們看似是金錢的主人，其實卻成了金錢忠誠的僕人——一個暫時的保管者，一個活動的保險櫃。

歐美的大富翁們教育子女都有一套自己的方法，這些富翁大多經歷過創業、守業的艱苦時期，不希望他們的後代只是懂得揮霍的紈褲子弟，他們會鼓勵後代從小就認識到金錢的價值，靠自己的勞動換取需要的零用錢；他們也不會縱容孩子的欲望，讓他們養成揮金如土的習慣，他們用這種方法告訴子女，金錢來之不易，要用它們做最有用的事，而不是胡亂使用。更重要的是，富翁們希望子女不要從小就只為金錢生活，成為金錢的奴隸。

一九八〇年，美國通過《新難民法案》，居住在紐約水牛城收容所的五百一十二名難民因此成為美國的合法公民。他們大多是來自貧困國家的偷渡者，來美國的目的是尋求自由和幸福。

二〇〇四年，新法案須佈廿五周年，這批得益於該法案的人搞了一次集會。他們承認自從成為美國公民，生活有了空前改善，但是幸福的夢想遠遠沒有實現。

霍華德．休斯是位法學博士，專門研究難民問題，他聞知此事，便展開調查。

首先，他對那批難民的身分進行了一次全面的調查，發現這些人有一個共同點，那就是在原居住國都很貧窮，另外，還有一些類似的經歷，比如：偷渡來的時候，都與船主簽訂過生死契——只要能去國外，路上是死是活，船主概不負責。

霍華德博士發現，這批偷渡者由於都有著強烈的發財夢，來美國後，經過二十餘年拼搏，日子過得都不差，有將近一半的人靠冒險和吃苦的精神達到了美國中產階級的水準。

那麼，他們為什麼仍抱怨沒有過上幸福生活呢？為了找出根源，霍華德博士對他們一一進行追蹤。下面是他對其中四位所作的記錄。

第一位是水產商，初來美國時，在邁阿密的水產街做黃魚生意，現在由原來的一間店鋪發展為連鎖店。二十年來為擠垮競爭對手，未休息過一天，更未出外度過一天假。

第二位是二手車經銷商，住休士頓郊外，別墅面積一五一八平方米，二樓為倉庫，擁有發動機四百二十台，舊車七輛，改裝的摩托車六輛。

第三位是房產開發商，一九九五年之前，在十三個市鎮擁有房產開發權，因逃稅被判一年六個月監禁，剝奪開發權，罰款八千六百萬美金，現從事塗料進出口業務。

最後一位是人力仲介，來美國後，一直從事海地、多明尼加、波多黎各等國的勞工輸出工作，透過他，家族六成的人在美打工或暫住，現在和他一起居住的親屬有十四人。

霍華德的調查報告長達七百多頁，詳列每個人的生活狀態。這份報告被交到美國國務院後，迅速被移交到移民部。沒過多久，原紐約水牛城收容所的五百名難民每人都收到一個小冊子，小冊子的封面上寫著：

「一個窮人成為富人之後，如果不及時修正貧窮時所養成的貪婪，就別指望能跨入幸福的境界。」

二〇〇五年一月，美國《加勒比海報》報導，有一位來自加勒比海地區的富翁賣掉公司，打算去過簡樸的生活。第二天，霍華德博士收到美國移民局的一封信：這批難民中已有一人找到了富裕後的幸福。

無論你喜歡與否，錢在你的日常生活中都佔據著非常重要的地位，如果你忽視這樣一個事實，那麼你也就很難變得富有。

但是，談論金錢的重要，並不是想讓金錢來主導我們的生活。要想獲得真正的幸福，其中有一個最基本的法則就是要熱愛金錢並且利用金錢。

你可以享受金錢，尊重並使用它，合理地規劃你的花費，但，千萬不要為金錢而活。錢只是一種工具，一種交換方式。

人類的幸福感的確需要物質基礎，但大部分與金錢無關。幸福感來自家庭的溫暖、事業的成功、人際的和諧，更重要的是心靈的滿足，這些都是金錢買不到的東西，卻也是最寶貴的財富。

05

該做的事沒人能替你，想要的笑沒人能給你

一位著名作家曾說：

「把希望寄託在別人身上意味著把失望留給自己。」

我們不應是別人的附屬品，不應該是幸福的寄生者，因為一旦別人遠離自己，我們只能接受幸福的遠離，一個人主宰不了世界的變化，卻可以主宰自己的幸福。

1你若起舞飛翔，便有清香撲鼻

生活每天都充斥著各種各樣的選擇，最可怕的是不知不覺中已然放棄了對自己、對生活的警醒和覺察，任由別人灌輸的信念和過去的慣性來支配自己的生活。

人生最悲涼的笑話，莫過於用盡畢生努力成功地成為了別人。人只有一輩子為自己而活才是最大的奢侈。

義大利著名影星蘇菲亞·羅蘭，用自己動人的風采、卓越的演技給人們留下了深刻的印象。

一九六一年，她獲得奧斯卡最佳女演員獎。然而，她的從影之路並不是一帆風順的。

十六歲時她一個人來到羅馬，剛到羅馬時，她聽到的是自己個子太高、臀部太寬、鼻子太長、嘴巴太大等批評，把她說得一無是處。

她去試了許多次鏡，但攝影師都抱怨無法把她拍得更美豔動人。一位製片商看中了她，對她說：「蘇菲亞，如果你真想幹這一行，我建議你把你的鼻子和臀部做個整容手術，那樣會更好些。」

對沒有主見的人來說，一定會按照製片商的說法去做。但是蘇菲亞．羅蘭是個有主見，不願意隨波逐流的人，她斷然拒絕了製片商的要求。在她的心裡，始終堅持著這樣的一個原則：我就是我自己，只有做好了自己，我才能發揮得更好。她決定要靠自己內在的氣質和精湛的演技來征服觀眾。

於是她理直氣壯地說：「對不起，我不能這樣做，我就是我自己，只有做好自己，我才能展現最好的面貌，這是我的原則。雖然我的鼻子太長，但它是我臉龐的中心，它賦予了我容貌的獨特性，我很喜歡它。

至於別人怎麼說，我無法改變，因為嘴是長在他們的臉上。我只要堅持我的原則就夠了。」

蘇菲亞．羅蘭沒有因為別人的議論而停下自己奮鬥的腳步，反而越挫越勇，她一生拍了一百多部影片，演技達到了爐火純青的程度。

她得到了觀眾的認可，剛出道時遭到的那些諸如鼻子長、嘴巴大、臀部寬等批評都不見了，以前的缺點反而成為後來評選美女的標準。二十世紀末，蘇菲亞．羅蘭已經六十多歲了，但是她仍然被評為「最美麗的女性」之一。

後來有人問起蘇菲亞．羅蘭的成功之道時，她是這樣回答的：「我誰也不模仿。我不去跟著時尚走。我只做我自己。當你把自己獨特的一面展示給別人的時候，魅力也就隨之而來了。」

英國教育家洛克說：「每個人的心靈都像他們的臉一樣，各不相同，正是人們表現自己的個性，才使得今天這個世界如此精彩。」卡內基也說過：「整日裝在別人模子裡的人，終究有一天會發現自己變得面目全非。」

東施效顰的故事，大家都知道，也許東施並不那麼醜，只不過她扭曲了自己的個性，刻意去模仿西施，才成了世人眼裡的醜八怪。

模仿別人可能會暫時贏得別人的注意，但你要為之付出的代價就是失去自己。當有一天你想要發出自己真實的聲音時，突然竟現沒人能夠接納你了，你只能永遠做一個虛無的影子。失去自己，這是一件多麼悲哀的事啊！

記住：你就是你，不是別人的翻版，更不要活在別人的影子裡。用心經營屬於自己的花園，勾勒自己的人生，留下屬於自己的腳印，才能活出真正的自己。

2 在人生劇本裡做自己的主角

這輩子，你是誰，為誰活著？茫茫人海中的我們，都該慎重地思考一下這件事。我們在生命中都扮演著不同的角色，但這些角色有時很容易讓人迷失。

在一個風雨交加的下午，一個女人走進一家心理諮詢診所。這個女人大概二十多歲，面容姣好，衣著華麗，拎著名牌包，身上佩戴的首飾一看就是出自名設計師之手。

按理說，這樣一個女人應該舉止從容、神采飛揚，可是她卻一臉憔悴，雙眉緊皺，嘴唇發白，走路也踉踉蹌蹌的，像得了一場大病。

這個女人逕自推開診室的門，完全不顧身後的護士衝她喊：「小姐，你預約了嗎？」

診室裡坐著一位心理醫生，抬頭看了看闖進來的女人，示意護士不要攔她。

女人在椅子上坐了下來，神情恍惚，用迷茫的語氣對醫生說：「對不起，我知道我沒有預約，但我必須找個人說說話，否則我就要從樓上跳下去了。」

醫生用溫和的語氣問：「我很願意聽你說話，你能告訴我發生了什麼事嗎？」

女人深吸了一口氣，然後娓娓道來：「我覺得自己要崩潰了，我的事業遇到很大的困難，幾乎要傾家蕩產，男朋友卻在這時候要離我而去。我真是失敗，這麼大了還令爸媽傷心，朋友們也跟著操心。」

醫生問：「就因為這樣，所以你覺得自己很失敗，甚至要跳樓？」

「你不瞭解。」女人搖搖頭，「我從小就是個品學兼優的好學生，爸媽以我為榮，老師為我驕傲，同學們都很羨慕我，可是現在，我讓所有的人失望，連他們的眼睛我都不敢看。」

聽到這裡，醫生說：「從你進門到現在，你一直在強調別人對你如何失望、如何傷心，那你自己呢？你對自己怎麼看呢？」

「我？我是一個令所有人失望的人。」女人沮喪地說。

「不對，這仍然是別人的看法，『所有人失望』是別人的感受，而不是你對自己的看法，我想知道你對自己是如何看的。」

「這有什麼不同？我令人失望，這就是我對自己的看法。」女人一臉茫然，不清楚這其中的分別。

醫生微笑著說：「好，我們暫時不去討論這個問題，現在你告訴我，有沒有什麼辦法能使這種糟糕的情況改變？比如恢復你的事業、重建你的信心。」

女人皺著眉想了想說：「沒有，我現在除了身上的這套穿戴之外，已經再沒有一點值錢的東西，連車子也已經賣了抵債，誰願意幫助一個這樣落魄的女人呢？大家唯恐我向他們借錢，躲都來不及。天哪，誰還能幫我？人們常常說遇事有貴人相助，可是我的貴人在哪兒呢？」

女人情緒十分激動，好像馬上就要崩潰了。

醫生安慰說：「雖然我沒有辦法切實地給你什麼幫助，但如果你願意的話，我可以介紹你見一個人，她可以幫助你還清債務，東山再起，讓所有人對你刮目相看。」

「真的嗎？」女人聽了這話，眼前一亮，但她不敢相信這個事實，用疑惑又期待的眼神看著醫生。

「當然是真的，跟我來！」醫生站起來，帶著女人走出了診室，穿過走廊，來到另一間屋子。

這是一間空屋子，除了牆上掛了一面大鏡子外，什麼也沒有。

女人疑惑地問：「您說的那個能幫助我的人在哪兒呢？」

醫生請女人站到那面鏡子前，鏡子中立刻映出女人憔悴的身影。他指了指鏡子說：「就是這個人！在這個世界上，只有一個人能讓你重整旗鼓，就是她！當然，在她幫助你之前，你必須要徹底地瞭解她、認識她，就當做你以前從未見過她一樣。你必須知道她真正在想什麼、要得到什麼、能做些什麼，如果你不能對這個人作充分而徹底的認識，那麼很抱歉，真的再沒有人能夠幫助你了。」

女人聽了這話有些愣住了，她緩緩地朝著鏡子走了幾步，慢慢地伸出手，去觸摸鏡子裡的臉，並對著鏡子裡的人從頭到腳仔細地打量起來。幾分鐘後，她縮回手，摸了摸自己的臉，然後後退了幾步，大哭起來。

醫生沒去管她，任由她痛哭，發洩著。

當女人痛哭完畢，走出診所時，雖然仍舊難掩憔悴，但精神顯然振作了很多，她對醫生說：「謝謝您介紹我認識了那個可以幫助我的人，我想我會瞭解她的。」

一轉眼，半年過去了，那個女人又一次來到這家心理諮詢室，找到了那位醫生。

醫生已經不認得她了，因為她的樣子完全變了：衣著雖然沒有以前華麗，但是整潔乾淨，搭配巧妙；最重要的是她的精神狀態大不一樣，原來那種憔悴失落的神情已經絲毫不見，取而代之的是陽光般燦爛的笑容。

女人微笑地對醫生說：「今天來是謝謝您，您讓我重新認識自己，意識到自己的獨立性。我已經重新振作起來了，現在我的事業雖然還沒有恢復到最理想的狀態，但基本已經還完了債務，我相信會越來越好的。」

醫生也很為她高興，問：「你真的徹底認識了自己嗎？」

女人回答說：「我不敢說徹底地認識，只是每一天我都會去審視自己，聆聽自己的心聲，重視自己的想法，我想，我不會再為別人而忽視自己的力量了。」

如果說人生是一齣戲，那麼作為這齣戲的主角，你該搞清楚自己的人生劇本：

你不是父母的續集，你的人生不需要父母操控。縱然他們渴望為你鋪好前路，願意為你操勞一生，但你要想清楚：那究竟是不是你想要的人生？你的舞臺要你自己做主。

你不是孩子的前傳，不要將為了兒女放棄自我當成一種偉大的犧牲。孩子與你一樣，是獨立的個體，你不必為他們放棄自己的舞臺，也不必為他們搭建舞臺，給他充分的自由和空間，才能讓彼此有更完整的人生。

人生的舞臺劇或許無法單獨完成，需要他人的配合，需要你為別人付出，但這不該成為一種束縛和包袱，你不該被所謂的「應該」和「責任」牽絆住。唯有認真地做好自己，完成自己的角色定位，才有精力和能力去展開更多的精彩。

3這個世界沒有人值得你羨慕

人們總喜歡羨慕別人，卻忽略自己所擁有的；總是渴望獲得那些本不屬於自己的東西，而對自己擁有的卻不加以珍惜。

一個有錢人常常開著車子或坐飛機到處與人談生意，生活雖忙碌，但充實富足，因此有錢人很有成就感。但他的幸福生活卻被一家茶水店的老闆給打破了。

這位茶水店老闆過得也很開心，他的生活主要就是燒水、倒茶、招待顧客、與顧客交談……雖然簡單清貧，但卻自得其樂。然而，自從遇到這個有錢人，這位茶水店老闆就開始有了煩惱。

那天，有錢人口渴，就走進店裡，看到茶水店的簡陋與老闆的清貧，有錢人感到很吃驚，便跟店老闆交談起來。

有錢人先講了自己燈紅酒綠的生活，講他怎樣快樂地賺錢又快樂地將錢大把地花掉。他說，過這樣的生活，他才感到自己是在享受人生。茶水店老闆也說起自己的生活，雖然沒有大富大貴，但安寧而快樂，因為自己不與人爭，也就沒有得失的煩惱。

有錢人卻被茶水店老闆悠閒的生活方式吸引住了，他一直在想，儘管自己有錢，卻從來沒有過過一天像茶水店老闆那樣悠閒自在的日子！

茶水店老闆在有錢人離開後，也一直在想著有錢人的話，他想自己每天守著這個清淡的茶水店，不但沒賺到錢，而且還浪費了生命，自己真是白活了，他盼望自己也能夠過上有錢人那種富足的生活。

於是兩個人找到上帝，求上帝幫忙，上帝笑著說：這還不容易，我給你們換過來不就行了！

於是，茶水店老闆變成有錢人，每天去和不同的人談生意、喝酒。

有錢人則坐在悠閒的茶水店裡。

結果沒過幾天，兩個人又吵吵嚷嚷地來到上帝面前。有錢人說他受不了茶水店裡的冷清和貧乏的生活，茶水店老闆則說他受不了有錢人生活裡的虛情假意和酒精氣味。

上帝大笑說：「你們原本在各自的位置上生活得好好的，卻嚮往別人的生活，現在知道了吧，其實別人的生活也不過如此。」

是的，生活其實就像我們腳上穿的鞋子一樣，要選擇什麼樣的鞋子，首先要問問自己的腳，而不是看別人穿的是什麼樣的鞋子，不是嗎？

人總喜歡羨慕別人，卻忽略了自己所擁有的。幸福無法攀比，無法複製，每個人所感受到的都是獨一無二的幸福。

4 不能聽命於自己者，註定就要受制於人

在你沒有做出什麼驚天動地的成績之前，你所有的決策在那些「過來人」眼裡，似乎都是幼稚的想法。可是，如果你聽了他們的話，那麼你這輩子所走的路，不過是別人給你設計好的一個框架，或者說就是在「複製」他人的人生。

生活中，總會有不同的聲音充斥在耳邊，我們到底該如何抉擇？在回答這個問題之前，我們不妨回顧一段有關「沉香」的故事，或許它能帶來一些啟示。

有一個富有的木材商人，擔心自己死後，兒子會因為繼承了大筆的

財富而好吃懶做，不務正業，最終坐吃山空。為了給兒子一點人生啟迪，他決定趁著自己身體還健康的時候，讓兒子瞭解一下自己年輕時奮鬥的經歷，以此作為鼓舞。

聽了父親的講述，兒子很感動，決定獨自去闖天下。他跋山涉水，歷經千辛萬苦，終於在一片熱帶雨林裡找到了一種能夠散發出濃郁香味的樹木。這種樹木很奇特，把它放進水裡，它不會浮到水面上，而是沉到水底。他相信，這肯定是價值連城的寶貝，就滿心歡喜地把香木運到市場去賣。

當地的人們從未見過這種樹木，而且從表面上看，誰也看不出這香木有什麼特別之處。幾天下來，他的生意慘澹，幾乎無人問津，再看他身邊賣炭的老頭，半天工夫就能賣掉一車木炭，生意紅火得很。

一開始，富商的兒子還挺有信心，覺得自己的寶貝肯定能賣個好價錢，只是需要點時間讓大家瞭解它的好處，可是轉眼半個月過去了，眼看著別人每天都能獲得收入，自己卻像一個旁觀者，他有點著急了。

一個月後，他把香木都燒成了木炭，結果木炭很快就賣了出去。他緊緊握著賣炭的錢，迫不及待地回到家，告訴父親，自己已經可以獨立闖蕩世界了。

商人聽完兒子的講述，老淚縱橫，嘆了口氣說：「孩子啊！你燒成木炭的香木，是世上最珍貴的樹木——沉香。你只要切下一小塊磨成香粉，它的價值遠遠超過那一車的木炭。」

商人難過的不是兒子少賺了多少錢，而是他沒能守住自己的「沉香」，讓珍貴的香木變成了最平常的木炭。換而言之，每個人都有一段屬於自己的「沉香」，重要的是，你有沒有勇氣和膽量自始至終地堅定自己的選擇？

麥克斯．威爾醫師在羅斯福執政期間，曾負責為總統夫人的一位朋友做手術。事後，羅斯福夫人邀請他到白宮去。他在那裡過了一夜，據說隔壁就是林肯總統曾經睡過的房間，他為此感到無比榮幸。

那天晚上，他根本沒有睡意，開始用白宮的文具和紙張寫信給母親、朋友……他在心裡對自己說：「麥克斯，你真的來到白宮了，這是多少人夢寐以求的事啊！」

第二天一早，他下樓用早餐，總統夫人已經等在那裡了。他吃著盤中的炒蛋，心裡想著回去後，要如何向家人和朋友描述這個美好的情景。

但是，問題出現了，因為僕人又送來一盤鮭魚，而他什麼都吃，就是從不吃鮭魚，因此對著那些鮭魚發呆。

羅斯福夫人指著總統對麥克斯說：「他很喜歡吃鮭魚。」麥克斯心想：「我怎麼能怕鮭魚？總統都覺得好吃，我就不能覺得很好吃嗎？」

於是，他將鮭魚混著炒蛋一起吃了下去。結果，他從下午開始就渾身不舒服，一直到晚上仍然非常想嘔吐。

後來，麥克斯在其著作《心靈的慧劍》中寫下自己的感想：「其實我一點也不想吃鮭魚，而且根本也不必吃，但是我為了附和總統而背叛了自己。雖然這是件小事，很快就過去了，可是換個角度想，這不正是許多人為了成功最常碰到的陷阱之一嗎？」

凡事自己拿主意，並不是一意孤行，而是忠於自己，不輕易被別人的思想所左右。處處受制於人，失去獨立的判斷，一味地人云亦云，被人牽著鼻子走，最後終將迷失自己，得不償失。

5 你最大的問題是不懂欣賞自己

世界上有千千萬萬的人，然而卻只有一個獨一無二的你，那麼你又何必自卑？

在法國的一個小鎮上，有一位非常出色的裁縫。他裁製的衣服遠近聞名，更有很多客人為了擁有一件他親手裁製的衣服不遠千里而來。

到了晚年，深知自己時日不多的老裁縫叫來平日最看好的徒弟，拿起自己平時裁衣時用的剪刀，說：「我老了，拿起剪刀，手已經開始顫抖，我需要找到另一雙足以拿穩這把剪刀的手。你懂我的意思嗎？」

徒弟抹去眼角的淚水說：「我懂，您是想要找到一個和您一樣出色的繼承人。」

老裁縫點點頭，語重心長地說：「但這並不是一件容易的事。這個人不但要有一流的手藝，還必須有豐富的創造力和敢於嘗試的勇氣。你能幫我找到這樣的人嗎？」

「我會竭盡全力的。」徒弟承諾說。

徒弟開始用心在老裁縫的其他幾個徒弟裡尋找合適的人選，但他一次一次的提議，都被老裁縫拒絕了。

一日，老裁縫再次把這位徒弟叫到自己的病榻前說：「這些日子你辛苦了，可你的那些師兄弟其實都不太合適。依我看，你是不是應該把目光放到他們之外的人身上？」

然而，徒弟並沒有明白老裁縫的意思，立刻說：「我明白了！我會嘗試在其他管道尋找的，只在師父的幾個徒弟裡尋找，範圍實在是太窄了！」

老裁縫吃力地握住徒弟的手說：「你為什麼不將目光放在自己的身上？最讓我屬意的繼承人其實就是你啊！可你一直都不相信自己有這個能力，總是把目標鎖定在別人身上。每個人都有自己的亮點，只在於你有沒有看到這個亮點，並且很好地挖掘它，讓它綻放出更耀眼的光芒。」

自卑者的悲劇在於，他們永遠看不到自己身上的優點與亮點，即使他人再三告知，他們仍然半信半疑。每個人都應該活得自信，要接受自己，欣賞自己，相信自己是獨一無二的。

6 遵循己心，大聲說「不」

在社會上生存，難免會遇到別人請求我們幫助的時候。這些事情中，有我們力所能及願意去做的，也有超出我們能力範圍不想去做的，但由於人們都礙於面子，所以產生了一種「不好意思拒絕對方」的心理。

在所謂的「面子」之下，我們常常對「不」字難以啟齒，生怕對方會因此而感到生氣，更擔心如果說了「這件事我做不到」之後，會從而破壞了自己在別人心目中的形象。所以在大多數情況下，我們都會半推半就地同意幫忙，但這卻導致我們總是心不甘情不願地去完成一些原本就可有可無的請求。

更悲慘的是，一旦辦事不利，沒有解決好問題，我們還會吃力不討好，不僅招來對方的埋怨，更會傷害雙方之間的感情。於是你悔不當初，不停地問自己，為什麼當時自己沒有勇氣大聲說「不」呢？

從某種意義上來說，懂得如何拒絕他人，也是一件「利人利己」的事，勇敢地說出自己真實的想法和感受是非常重要的，因為只有這樣，別人才會知道你想要什麼、討厭什麼和拒絕什麼，這也等於告訴別人：這是我的心理底線，不要跨越它。

否則，如果一味地忍讓、退步和沉默，人們就會覺得：你喜歡這樣，而且心甘情願，一旦這樣，在與他人交往的過程中，雙方之間的關係分寸就模糊了，而自己往往就是那個受到傷害的人。

學會適時地拒絕他人，因為你並不是「超人」，不可能讓所有的人都感到滿意。所以不論何時，學會遵從己心，儘快做出判斷，決定自己是答應還是拒絕。

總之，在該說不時，就應該大聲說出來！

懂得如何拒絕別人，我們才會更加坦率，更加忠於自己，也就不會再為他人之願所累了。正如伏爾泰所言：當別人坦率的時候，你也應該更加坦率，你沒有必要替別人的行為買單，更不必要為他人的無病呻吟而傷心流淚。所以，學會拒絕他人吧！

06

梳

奈何橋下的蓮花，見證了誰與誰的兩世繁華

人這一輩子就像是一條河流，
在險灘的時候，你遭遇了激流，
因此，你便學會了在日後的風雨中如何搏擊。
成長就是這樣一種經歷，當蛻變的痛苦漸漸淡去，
你擁有了重新去愛的能力，蛹化成蝶的日子也就不期而至了。

1月有圓缺，緣有聚有散

從前有個書生，和未婚妻約好在某年某月某日結婚。但到了那一天，未婚妻卻嫁給了別人。書生受此打擊，一病不起。

家人用盡各種辦法都無能為力，眼看書生奄奄一息。這時，路過的一個遊方僧人得知情況，決定點化一下他。

僧人來到他床前，從懷裡摸出一面鏡子叫書生看，書生看到茫茫大海，一名遇害的女子躺在海灘上。這時，走過來一個人，看一眼，搖搖頭，走了……又走過來一個人，將自己的衣服脫下，給女子蓋上，走了……又走過來一個人，在旁邊挖個坑，小心翼翼地把屍體安葬好。

疑惑間，畫面切換，書生看到自己的未婚妻洞房花燭，被她丈夫掀起蓋頭的瞬間……

書生不明所以。

僧人解釋道：「那具海灘上的女屍，就是你未婚妻的前世。你是第二個路過的人，曾給過他一件衣服。她今生和你相戀，只為還你一個情；但是她最終要報答一生一世的人，是最後那個把她掩埋的人，那人就是她現在的丈夫。」

書生大悟，從床上坐起，病癒！

書生悟到了什麼呢？愛情要隨緣。相識是一種緣分，彼此相愛也是一種緣分；最終能不能走到一起，也是一種緣分。

世間萬事萬物皆有相遇、相隨、相伴的可能性。有可能即有緣，無可能即無緣。緣，無處不有，無時不在。你、我、他都在緣的網路之中。常言道：「有緣千里來相會，無緣對面不相識。」萬里之外，異國他鄉，陌生人與你哪怕是相視一笑，這也是緣。也有的雖心儀已久，卻相會無期。

多年前一個寒冷無比的日子，我在街上撿到一個錢包。錢包裡沒有任何身分證件，只有三塊美金和一封皺巴巴看來放了很長久的信。

在淚跡斑斑的信封上唯一能看清的，是寫信人的地址。我打開才發現這封信寫於一九二四年——那差不多是六十年前。我仔細地閱讀起來，希望能從中找到一些關於錢包主人的線索。

這是一封絕交信。寫信人有著一手娟秀的筆跡，她在信中告訴這個名叫麥克的收信人，由於自己母親的反對，他們不能再見面了，但不管怎樣，她將永遠愛他。信的末尾署名：漢娜。

這是一封優美的書信，但除了麥克這個名字，我無法再確認更多關於主人的身分了。我想，也許我可以讓電話接線員根據信封上的地址找到電話號碼。

接線員說查到了地址下面所列的電話，但不能直接把號碼告訴我。不過，她會把電話打過去並解釋事情的起因，如果當事人願意接電話的話，再聯絡我。

我等了一會兒，她回到線上：「有位女士要和您說話。」

我問這女人是否認識一個叫漢娜的人。

「噢，當然認識！我們就是從漢娜一家那兒買到這個房子的。」

「你知道他們現在可能住在哪裡嗎？」

「多年前漢娜就住進了養老院，或許在那裡可以幫助你找到漢娜。」

那女人給了我那家養老院的名字，我打去詢問，養老院告訴我：

「是的，漢娜在這裡。」

我問是否方便拜訪她，這時已經是晚上十點多，主任說漢娜可能已經睡了。「不過，你要是真想碰碰運氣的話，去休息室看看，她可能在那看電視。」

主任在養老院的門口迎接我，並把我帶到三樓，從一個護士嘴裡，我們確認了漢娜正在看電視。

我們走入休息室。儘管年事已高，一頭銀髮的漢娜看起來非常和藹可親，我講述了發現錢包的經過，並把那封信拿給她。

她一看到它，深深吸了口氣。

「小夥子，」她說，「這封信是我和麥克最後的聯繫。」她把臉轉過去好一會兒，然後若有所思地說：「我非常愛他，可那時我只有十六歲，媽媽覺得我太年輕了，而他又是那麼英俊。知道嗎？就像那個演員史恩·康納萊。」

我們都笑了。主任離開了，讓我們單獨交談。

「嗯，他的名字叫麥克·高斯頓。如果你找到他，請告訴他，我仍然常常想念他，我也從未嫁人。」她眼眶裡閃動著晶瑩的淚花，「我想再也沒有任何人比得上麥克。」

我謝過漢娜，向她告別，再坐電梯回到一樓。

我把錢包拿出來給保安看。他拿近了仔細看著說：「嘿，我在哪裡見過。那是高斯頓先生的錢包。他總是弄丟錢包，我至少有三次在禮拜堂裡撿到過它。」

「誰是高斯頓先生？」我問。

「他是八樓的一位老人，那肯定是高斯頓先生的錢包，他經常出門散步的。」保安肯定地說。

我謝過保安並快步走回主任的辦公室，告訴他保安的話。主任陪著我又來到八樓，我心中暗暗祈禱著高斯頓先生沒有上床睡覺。

「我想他還在休息室裡，」護士說，「他喜歡在晚上看書，他是個可愛的老人。」

我們走向那間唯一亮著燈的房間，一個男人正在讀著一本書。主任問他是否遺失了錢包。高斯頓抬起了頭，摸摸後面的口袋說：「上帝啊，真的不見了。」

「這位先生撿到了一個錢包，是您的嗎？」

當他看見錢包的那一刻，臉上浮現出安慰的笑容。「對。」他說，「就是它，一定是我今天下午掉的，我要給你一些報酬。」

「噢，不用了。」我說，「但我必須告訴你，為了找到錢包的主人，我已經看過這封信了。」

微笑從他的臉上消失了：「你看過這封信？」

「我不止讀過這封信，我想我還知道漢娜的下落。」

他的臉一下子變得蒼白：「漢娜？你知道她在哪？她怎麼樣？她還和以前一樣美麗嗎？」

我遲疑了。

「請告訴我！」麥克催促著。

「她很好，還和當年你們認識的時候一樣漂亮。」

「你能告訴我她現在哪兒嗎？我想明天就給她打電話。」他一把抓住我的手，說道：「你知道嗎？當我收到這封信的時候，我的生命也終結了，我終生未娶，我一如以往地愛著她。」

「麥克，」我說，「跟我來。」

我們三個乘坐電梯來到三樓，朝著漢娜所在的那間休息室走去。她還在看電視。主任走到漢娜面前。

「漢娜，」他柔聲說，「你認識這個人嗎？」

我和麥克在門口停下等候。

她扶了下眼鏡，看了一會兒，什麼也沒有說。

「漢娜，這是麥克。麥克．高斯頓。還記得嗎？」

「麥克？麥克？是你！」

他慢慢地走到她身邊，漢娜起身和他擁抱在一起，兩人手拉著手在沙發上坐下就開始聊起來，我和主任走出去，我們倆都哭了。

「看看仁慈的主所作的一切，」我感慨地說：「上天註定的，終歸是你的。」

三周以後，我接到主任的電話，他問我：「這周日你有空來參加一個婚禮嗎？」還沒有等我回答，他就接著說：「是的，麥克和漢娜終於要共結連理了！」

這是個非常有意思的婚禮，養老院所有的人都參加了這個婚禮。漢娜穿著米色的衣服，看起來美麗動人，而麥克穿著黑色禮服，又高又挺。養老院還給了他們倆自己的房間。

如果你想看看七十六歲的新娘和七十八歲的新郎就像少男少女般甜蜜的模樣，你一定要來瞧瞧他們這一對。

持續了近六十年的愛情終於有了個完美的結局。

據說愛情是月老手中的紅線，有緣千里一線牽，命中註定的兩個人即使遠隔千里，也會聚在一起；相反，沒有緣分的人，即使走在同一條街，也會擦肩而過。

緣分的到來誰也不能預料，緣分要走的時候誰也留不住，所以人們才會說緣分難求。面對緣分，我們唯有隨緣，珍惜它的到來，珍惜它給自己帶來的幸福；當它要走的時候，也不要苦苦挽留，瀟灑地和它告別，人生還長，總會有另一份緣分值得你去付出。

2你若不疑，情必無恙

這個世界上，真相只有一個，可是在不同人眼中，卻會看出不同的是非曲直。

這是為什麼呢？其實，道理很簡單，因為每個人看事物都不可能站在絕對客觀公正的立場上，而會或多或少地戴上有色眼鏡，用自己的經驗、好惡和道德標準來進行評判，結果就是——我們看到了假象。

所以說，我們眼睛看到的未必是真的，心裡猜想的也未必是對的，不要太執著於自己的想法，很多事，你猜來猜去也猜不明白，與其如此，不如放輕鬆，順其自然。

一個盲人帶著他的導盲犬過街時，一輛大卡車失去控制，直衝過來，盲人當場被撞死，他的導盲犬為了守衛主人，也一起慘死在車輪底下。

主人和狗一起到了天堂門前。一個天使攔住他們，為難地說：「對不起，現在天堂只剩下一個名額，你們兩個中必須有一個去地獄。」

主人一聽，連忙問：「我的狗又不知道什麼是天堂，什麼是地獄，能不能讓我來決定誰去天堂呢？」

天使皺起眉頭，想了想說：「很抱歉，先生，每一個靈魂都是平等的，你們要通過比賽，決定由誰上天堂。」

主人失望地問：「哦，什麼比賽呢？」

天使說：「這個比賽很簡單，就是賽跑，從這裡跑到天堂的大門，誰先到達目的地，誰就可以上天堂。不過，你也別擔心，因為你已經死了，所以不再是瞎子，而且靈魂的速度跟肉體無關，越單純善良的人速度越快。」

主人同意了。天使讓主人和狗準備好，就宣布賽跑開始。

天使滿心以為主人為了進天堂，會拼命往前奔，誰知道主人一點也不忙，慢吞吞地往前走著。

更令天使吃驚的是，那條導盲犬也沒有奔跑，牠配合著主人的步調在一旁慢慢跟著，一步都不肯離開主人。

天使恍然大悟：原來多年來這條導育犬已經養成習慣，永遠跟著主人行動，在主人的前方守護著他；可惡的主人正是利用了這一點，才胸有成竹，穩操勝券，他只要在天堂門口叫他的狗停下就可以了。

天使看著這條忠心耿耿的狗，心裡很難過，大聲對狗說：「你已經為主人獻出了生命，現在，你的主人不再是瞎子，你也不用領著他走路了，你快跑進天堂吧！」

可是，無論是主人還是他的狗，都像是沒有聽到天使的話一樣，仍然慢吞吞地往前走，好像在街上散步似的。

果然，離終點還有幾步的時候，主人發出一聲口令，狗聽話地坐下了，天使用鄙視的眼神看著主人。

這時，主人扭過頭對天使說：「我終於把我的狗送到天堂了，我最擔心的就是牠根本不想上天堂，只想跟我在一起……所以我才想幫牠決定，請你照顧好牠。」

天使愣住了。

主人留戀地看著自己的狗，又說：「能夠用比賽的方式決定真是太好了，只要我再讓牠往前走幾步，牠就可以上天堂了。不過，牠陪伴了我那麼多年，這是我第一次可以用自己的眼睛看著牠，所以我忍不住想要慢慢地走，多看牠一會兒。知果可以的話，我真希望永遠看著牠走下去。但是天堂到了，那才是牠該去的地方。」

說完這些話，主人向狗發出了前進的命令，就在狗到達終點的一剎那，主人像一片羽毛似的落向地獄的方向。他的狗見了，急忙掉轉頭，追著主人狂奔。

滿心懊悔的天使張開翅膀追過去，想要抓住導盲犬，然而，那是世界上最純潔善良的靈魂，速度遠比天堂所有的天使都快，所以導盲犬又跟主人在一起了，即使是在地獄，導盲犬也永遠守護著牠的主人。

天使久久地站在那裡，喃喃說道：「我一開始就錯了，這兩個靈魂是一體的，他們不能被分開……」

猜疑就好像一條無形的繩索，束縛了人的手腳，使人遠離朋友，遠離人群，連愛情也會遠去。你猜疑別人，別人也會猜疑你，猜來猜去，一切成空。

她對婚姻莫名的恐慌，是從丈夫升職為總經理，回家的時間越來越少的時候開始的。

當他說晚上有應酬不回家的時候，她便會忍不住想，他也許是和某個年輕漂亮的人在一起，他晚歸，她會趁他睡熟時查看他的手機簡訊，像賊一樣拎起他的襯衫仔細地聞，看有沒有奇怪的香水味。

對於她的懷疑和偵查，他不是沒有察覺，他討厭她疑神疑鬼的樣子。爭吵日益頻繁。

她的心情越來越糟糕，在朋友的建議下去看心理醫生。

心理醫生聽了她的傾訴後說：「週末會在公園舉行一次活動，到時候帶著你的丈夫過來吧。」

週末的時候，她和丈夫去了。

那天去的都是夫妻，心理醫生讓妻子們面朝他站成一排，然後命令丈夫們站在後面一排做好準備，待他喊「開始」之後，前一排的妻子就往後一排相對位置的丈夫身上倒。

心理醫生說：「夫妻是世界上最親密的人，所以，你們不要有顧忌，要盡力往後倒，好，開始！」

女人們紛紛照著心理醫生的話做，她也往後倒著，但是暗自掌握著身體的平衡，她擔心後面的丈夫不會好好地接著她。

果然，她聽到了接二連三的「撲通」聲，原來有些女人往後倒去時，站在身後的丈夫卻沒有認真地去抱好倒過來的妻子。

從地上爬起來的女人眼中都有了淚水，失手的丈夫們也滿臉通紅。她暗自慶幸自己多了個心眼，回過頭卻看見丈夫臉色陰沉地看著另外幾對夫妻。那幾對都是妻子往後倒時，丈夫傾盡全力接抱的。

心理醫生指著那幾對抱在一起的夫妻說，他們是這次實驗中表現最為出色的。他說：「在這裡，妻子為大家表演了『信賴』。信賴就是真誠地抽乾心裡的每一絲猜疑和顧忌，百分之百地交出自己。丈夫為大家表演的則是『值得信賴』。值得信賴其實是信賴催開的一朵花，如果信賴的土壤過於貧瘠，那麼這朵花就不會生長，更不會開放；如果信賴的土壤肥沃鬆軟，值得信賴這朵花就會開放得非常美麗。先生女士們，我知道你們當中有很多人都在婚姻中感到了困惑，常常感嘆自己的不幸福。在這裡，透過這個活動我想告訴大家的是，信賴別人是一種幸福，值得信賴也是一種幸福，想要幸福，首先學會的就是要懂得信賴！」

她在那一刻恍然明白自己為什麼沒有真正地向後倒去了。

那天回到家，她和丈夫又玩了一次那個遊戲。她問：「親愛的，你會抱住我嗎？」

丈夫說：「我會的。」

她閉上眼睛，直直地向後倒去，她能感覺到丈夫很努力地在支撐著她已經發福的身體。淚水從眼裡流了出來，她再一次找到了通向幸福的那扇門。

感情不是靠一方的強力控制來維持的，猜疑會給雙方帶來傷害，一旦有了猜疑，信任會像鈣質一樣流逝。一旦婚姻中缺失了鈣質，就容易出現裂痕。只有彼此信任，感情才會越來越深，親情也會更加濃郁，家庭才能幸福美滿。

幸福美滿的婚姻，恰如一部悅耳動聽的交響曲，夫妻間的互相信任，如同其中最華美的樂章，沒有信任這個樂章，婚姻這部交響曲就會黯然失色，甚至有可能無法繼續演奏下去。

3 卑微也換不來塵埃裡開出的野花

張愛玲曾經說過：「遇見你我變得很低很低，一直低到塵埃裡去，但我的心是歡喜的。並且在那裡開出一朵花來。」可是即便是她低到塵埃裡，也換不來胡蘭成的愛。

生活中，很多為了愛癡狂的女人都會對朋友這樣說過，也都為了愛而寧願委屈自己，但是最後輸的那個人，還是委曲求全的女人。因為，女人再多的委曲求全在男人的眼裡一文不值。

如果你愛他，你就要先愛自己；如果你在乎他，就要先在乎自己。

所以，女人不要再為了男人的愛而傻傻地委屈自己了。學會做自己，做自己喜歡的，你得到的不僅是愛，而更多的是他對你的尊重。

4 心若安好，便是晴天

愛的航程並非永遠一帆風順，有風平浪靜，也會遭遇暴風漩渦，使人突然陷入情感的痛苦之中。面對情感的傷害，有些人開始意志消沉，性情大變，對愛情失去信心。之所以這樣，是因為人們對愛情寄予了太多的美好想像和希冀。一個聰明的人要學會放下，主動寬恕他人的錯誤，才能從容面對這一切。

人生在世，有些東西是必須經歷的，比如感情。當我們遭遇感情的傷害時該如何面對？是蜷縮在傷痛中無法自拔，還是寬恕對方，走出過去，讓自己的生活幸福一點？相信每個人都知道要選擇後者。可是，事到臨頭，很多人還是不知如何應對。一起來看看下面的故事。

在羅丹第一次見到卡蜜兒．克洛岱爾時就愛上了她。這一半由於她那帶著野性的美，另一半則由於她罕見的才氣。同時，卡蜜兒也主動地向這位比自己年長廿四歲的男人敞開了自己純淨和貞潔的少女世界。

這完全是由於羅丹的天才吸引了她，因為男人的魅力就是才華。羅丹的一切——他炯炯的目光、敏銳的感覺、深刻的思維以及不可思議的手，全都是為了雕塑而生，而且時時刻刻閃耀著他超出常人的靈性與非凡的創造力。

雖然當時羅丹還沒有太大的名氣，但他的才氣已經咄咄逼人，於是他們很快地被彼此征服。正當盛年的羅丹與洋溢著青春氣息的卡蜜兒如同疾風暴雨、烈日狂潮般，一同進入了他們愛情的酷夏。同時，羅丹也開始了他藝術創作的黃金時代。

對卡蜜兒來說，她所做的，是要投身到一場需付出一生代價的殘酷的愛情遊戲中去。這是一場賭博，因為羅丹有他長久的生活伴侶羅絲和兒子，但是已經跳進漩渦而又陶醉其中的卡蜜兒不可能回到岸邊重新選擇。她和他只得躲開眾人視線，在公開場合裝作若無其事的樣子，尋找任何一個可能的機會，一點空間和時間，相互宣洩無盡的愛與無法克制的欲望，兩個人沉浸在無比美妙的愛情中。

羅丹曾對卡蜜兒說：「你被表現在我的所有雕塑中。」可以看出卡蜜兒不僅給羅丹一個純潔忠貞的愛情世界，還給了他感悟藝術的一切。無論是肉體的、情感的還是心靈的，卡蜜兒給羅丹的太多了。

後來，羅丹名揚天下，卡蜜兒卻一步步走進人生日漸黑暗的陰影裡。她不堪承受長期等候在羅丹生活圈外的那種孤單與無望，這種感覺竟糾纏了她十五年，最後精疲力竭，頹唐不堪，終於離開了羅丹，遷到一間破房子裡，離群索居。

她拒絕在任何社交場合露面，天天默默地鑿打著石頭。儘管她極具才華，卻沒有足夠的名氣。人們仍舊憑著印象把她當作羅丹的一個弟子，所以她賣不掉作品，貧窮使她常常受窘並陷入尷尬，還要遭受雇來幫忙的粗雕工的欺侮。

這期間，羅丹卻已接近成功。他經歷了與卡蜜兒那種轟轟烈烈的愛情後，又返回平靜的岸邊，回到在漫長人生路上與他分擔過生活重負與艱辛的羅絲身旁。他買了大房子，過起富足的生活，又在巴黎買下文藝復興時期的豪宅別墅，以應酬上流社會那些光怪陸離的人物。

這期間，還有幾個情人曾進入他華麗多彩的生活。

當然，羅丹並沒有忘記卡蜜兒。他多次想幫助她，都遭到高傲的卡蜜兒的拒絕。他只有設法通過第三者在經濟上支援她，幫助她樹立名氣，但這些有限的支持對於卡蜜兒而言，只是一種屈辱，是一種更大的傷害。

在貧困與孤寂中，卡蜜兒感到自己是個被遺棄者。這種感覺對她而言如同刀子，往日的愛與讚美都化為怨恨。她本來激情洋溢的性格逐漸變得消沉。

一九〇五年，卡蜜兒出現妄想症，身體很壞，脾氣乖戾，狂躁起來會將雕塑全部打碎。一九一三年三月，卡蜜兒的父親去世，卡蜜兒完全瘋了，她脫光衣服，披頭散髮地坐在那裡。

卡蜜兒從此與雕刻完全斷絕，藝術生命就此完結。一九四三年，她在蒙特維爾格瘋人院中去世。

在瘋人院裡保留的關於卡蜜兒的檔案中注明：卡蜜兒死時沒有財物，沒有任何有價值的文件，甚至連一件紀念品也沒有留下，卡蜜兒認為羅丹把她的一切都奪走了。

卡蜜兒的弟弟——作家保羅在她的墓前悲涼地說：「卡蜜兒，你獻給我的珍貴禮物是什麼呢？僅僅是我腳下這一塊空蕩蕩的土地！虛無！一片虛無！」

面對逝去的感情時，許多人都只看到了它曾經的美好，只有被這樣的感情弄得遍體鱗傷時才明白，原來愛情不僅僅有美好的一面。

誰能保證一生只愛一個人，分手是再正常不過的事情。面對失戀，如果總深陷其中，總想做最後的掙扎，甚至認為自己不能生活得幸福，那麼誰也別想幸福，在這種念頭下，做著最瘋狂的事情，這些都是再愚蠢不過的行為。

成長就是這樣一種經歷，當蛻皮的痛苦漸漸淡去，你擁有了重新去愛的能力，蛹化成蝶的日子也就不期而至了。

5有些人，我們終究會錯過

在生活中，當愛成為彼此間的一種束縛時，一定要學會放手，給彼此充分的自由，這樣才能在對方面前保持起碼的自尊，才能讓愛成為生命中的一種永恆的美麗。

不是每一朵花都能夠如期地開放，也並非每一朵開過的花都能結出果實來。對感情來說，當你愛一個人而得不到回報的時候，在你付出千般努力也無法得到一個許諾的時候，在你因愛而受傷的時候，千萬不要再繼續與自己較勁了，要學會放手，給彼此自由，否則帶給你的只有無盡的痛苦和煩惱。

普希金是俄國著名的民主主義戰士，也是俄國歷史上極為有名的詩人，深得廣大人民的喜愛。可是，一個才華橫溢的生命，卻在一場愛情的變故中消失，幾百年來仍然讓人感到惋惜。

一八二八年，普希金在一個舞會中認識了十八歲的娜達利婭。這位漂亮的女孩子猶如剛剛開放的玫瑰，嬌豔欲滴，清香誘人，多情的普希金見到之後魂不守舍，認為這就是自己尋找陪伴終生的另一半。他當場向娜達利婭求婚，但遭到拒絕。

普希金沒有因為這次的失敗而退縮，開始了漫長的追求過程。終於在一八三〇年時實現了心中的夢想。才華出眾的普希金和傾城傾國的娜達利婭結合，得到了朋友們的祝福。

結婚後，普希金陶醉在幸福之中。而向妻子表達愛意的方式就是他視之為生命的詩歌，可惜妻子對他的才華並不感興趣，柔情的詩句在她聽來和枯燥的公文一樣乏味。

有一次，幾個朋友來普希金家，朗誦普希金寫過的詩歌，娜達利婭只是客氣而又冷漠地說：「朗誦你們的吧，反正我也不想聽。」她對詩歌的冷淡讓朋友們面面相覷。

普希金雖然滿腹經綸才高八斗，可是妻子卻只貪圖物質享受，愛慕虛榮，兩個人在一起很難找到共同語言。普希金把這位貌若天仙的女子娶進門後，幸福的日子持續了沒有多長時間，就被娜達利婭無盡的欲望折磨得疲憊不堪。

為了維持妻子體面的生活，普希金在短短的幾年之內就欠下了六萬盧布的巨額債務。高額的債務把這位浪漫的詩人壓得抬不起頭來，頻繁的應酬使他喪失了寶貴的寫作時間。

他在給朋友的信中寫道：「對生活的操心使我沒時間感到寂寞，我已經沒有單身漢時自由自在地用來寫作的時間了。我的妻子非常時髦，這一切都需要錢，而錢我只能通過寫作來獲得。而寫作需要幽靜，單獨一人……」

作為家庭主婦的娜達利婭從不關心丈夫的感受，繼續出入於各個交際場中，享受著奢侈的生活。

當娜達利婭看到當初崇拜不已的丈夫是個窮光蛋之後，開始了對他漫長的抱怨。

在感到這位只懂得長吟短嘆的詩人無法再支撐她所需要的生活之後，便和一個軍官打得火熱。妻子的變心讓自尊心很強的普希金無法接受，決定採用西方特有的方式，和那個軍官進行決鬥，捍衛自己的愛情和尊嚴。

一八三七年一月，兩個人在彼得堡外的黑山進行決鬥，決鬥中，普希金的心臟停止了跳動。他的死讓朋友們十分傷心，也讓俄國的文壇失去了最燦爛的明星。

愛情是美好的，人類幾千年的歷史留下了許多讓人熱淚盈眶的悲歡離合。一個個美麗的傳說激勵鼓舞著我們在情感的道路上尋找一份內心深處的幸福。可是，命運總是喜歡捉弄感情豐富而又十分脆弱的人們，小心翼翼地呵護著的情感，瞬間化作了過往雲煙，留下一個孤獨痛苦的身影在黑夜裡徘徊，巨大的心靈創傷讓多少癡情的種子暗自飲泣，痛不欲生。

我們很可能會因為這飛來的橫禍而迷失墮落，喪失了生活的信心，失去了尋求幸福的心情，過著以淚洗面的痛苦生活。

這時候，我們應該從愛情的心酸中選擇一種理智的思維。情感生活雖然重要，卻不是生命的全部，我們應該及時地抽身，告別內心的傷痛。畢竟，生活的道路還很長，生命中還有很多值得欣賞的風景。

在你為逝去的美景哭泣的時候，眼前可能是一幅更美的畫卷。這段情感不適合你，一段更好的感情也許正在等待你呢。不抬頭，你怎能看到眼前的美景？不放下過去，你怎麼會獲得自由？

放下過去，還給彼此自由，讓彼此生活得更好，這才是真正完美的感情。

6 愛情向左，天堂向右

愛情是雙人戲，不能一個人演，徐志摩說：「我將於茫茫人海尋找唯一之靈魂伴侶，得之，我幸；不得，我命。」

與其迷戀一個並不愛自己的人，不如放開執念，去尋找真正的靈魂伴侶。俗話說：「天涯何處無芳草。」這句話並不是說一個人應該花心，而是提醒一個人不要在一份不屬於自己的愛情上迷失，應該移開自己的目光，去尋找那個真正屬於自己的人。

不論一個男人有多麼優秀，多麼有才華，多麼讓你難以割捨，但是他不愛你，他的心不在你這裡。那麼，就算他有一萬個優點，「不愛你」也成了他最大、最不能原諒的缺點，失去這樣一個男人，根本不值得難過和惋惜。

生命不需要無謂的執著，渴望有人陪伴也是無可厚非的，但愛情不是單相思，你的一廂情願只會給被愛的人帶來負擔，如果他被迫接受，那麼兩人只能同時痛苦。愛情僅存於兩人之間，愛的專一，是指那種被接受的愛，而不是不被接受的愛；如果是後者，還是早點放棄的好。

當一個你深愛的男人離開你時，你感覺自己的小世界在瞬間崩塌了，在心情跌落到谷底的同時，天空也隨之變得灰暗。這時候，如果你能很快調整，咬牙挺過最煎熬的那幾天，你會驚喜地發現，原來自己的人生依舊精彩，抬頭是晴空萬里，前方是花紅柳綠，之前失去的根本不是整個世界，而不過是一個不愛自己的男人罷了。

是的，有許多人註定是你生命中的過客，擦肩而過的瞬間，他也許會帶給你短暫的快樂，但他卻不是那個能與你攜手共度一生的人。

7從此無心愛良夜，任他明月下西樓

人生的路上，愛，妙不可言。愛情是盛開在女孩子青春歲月裡的一朵玫瑰，芬芳，嬌豔。可是，有些人卻愛得身心疲憊，傷痕累累，這樣的愛情是開在深夜裡見不得陽光的「惡之花」，改變了愛情原有的面貌和滋味。這一切只源於愛情裡的「小三」。

愛上一個不該愛的人，為什麼我們還要愛呢？明知他有家室，給不了自己未來，卻依然不管不顧地投入他的懷抱，自己的行為無異於飛蛾撲火，說自己愛他就足夠了，不要求他給你婚姻，但是沒有未來的愛情是不可能圓滿的，為何要用愛情的名義來傷害自己呢？

現代社會，「第三者」是不容忽視的尷尬角色，他們是愛情婚姻的破壞者，為了私人目的攪亂了他人的感情；有的人則是在不知情的狀態下誤當小三，付出了感情不能說收回就收回。但既然這段感情是錯的，就放手吧，然後去尋找真正能陪伴在自己身邊的人。

有人把第三者的愛比做毒酒，常讓飲者含恨，他們的結局往往超過愛情本身，甚至慘烈到令人嘆息。越是這樣，越是讓他們欲罷不能，不認輸、不甘心，最後，一步步變得偏執而衝動。愛，一旦變成怨和恨，就是一把鋒利的刀，傷人也傷己！

人的一生會面臨很多選擇，有些事情可以做，有些事情不可以做，愛情也是一樣，有些愛情是不被允許的，一個自尊自愛的人不會去做第三者。女人要管住自己的心，理智地控制感情，不要淪為感情的奴隸。

自己的青春沒有必要浪費在一段陰暗的愛情中，不做第三者，既是尊重別人，也是尊重自己。當遇到錯誤的戀情時，聰明的女人懂得抽身，懂得把自己從第三者的隊伍中拯救出來，去尋找屬於自己的愛情。

07

離

心若沒有棲息的地方，到哪裡都是流浪

抱怨「我怎麼這麼倒楣」，和說著「還好我不是最倒楣的」，是截然不同的兩類人。

1 每個人都喜歡上帝的微笑

布蘭達是巴黎話劇團的知名喜劇演員，十幾歲的時候，他就能將莫里哀的著名喜劇表演得出神入化，令觀眾捧腹大笑。

在日常生活中，他同樣是一個幽默開朗的人。

記者參觀他的房間時發現，布蘭達的盥洗鏡旁放了一張與鏡子等大的照片，照片上的布蘭達一臉鬱悶。

布蘭達說：「每天起床我都會先看一眼這張照片，告訴自己『沒有人願意欣賞你憂鬱的臉』，再照鏡子的時候，我會努力讓自己的表情開朗、朝氣，這樣別人才能知道我是個快樂的人，而不是倒楣蛋。」

的確，一張面帶微笑的臉，比一張寫滿失落、不滿、悲觀的臉更有吸引力。

一個七歲的男孩，總吵著說他想見一見上帝。母親告訴他，上帝住在很遠的地方，要走很長的路、經過很長的時間才能到達。男孩當真了，準備了一個手提箱，裡面裝滿了巧克力，還有幾瓶飲料，他要進行一場尋夢之旅。

週末的午後，他拖著手提箱走出了家門。沿著街道一直往前走，他來到一個公園，看到一位老太太在長椅上坐著，盯著那些時飛時落的鴿子。

小男孩挨著老太太坐了下來，打開手提箱，拿出一瓶飲料。正準備喝時，發現老太太正看著自己，她的眼神充滿了羡慕和渴望，小男孩慷慨地拿出一塊巧克力，遞給了她。

老太太接過巧克力，微笑著看著小男孩，笑容溫暖而慈祥，小男孩心裡覺得舒暢極了，感覺整個世界都充滿了陽光，四處都是鳥語花香。

大概是被剛剛那份笑容感染了，於是他又遞給老太太一瓶飲料。這一次，老太太又欣然接受了，並回贈給他一個完美的微笑。小男孩也笑了。那個漫長的下午，他們就那樣靜坐在公園的長椅上。一邊吃，一邊笑，自始至終卻都沒有開口說過一句話。

時間彷彿凝固了，誰也感覺不到它的流動，直到天色逐漸暗了下來，小男孩才意識到夜幕降臨。小男孩累了，往家的方向走去。

剛走出幾步，他卻突然轉過身，跑到老太太的面前，張開雙臂，給了她一個緊緊的擁抱。那個完美而慈祥的微笑，再一次浮現在小男孩的眼前。

小男孩快樂地回到家，拖著手提箱進了臥室。母親覺得很好奇，這個整天胡思亂想、滿腦子古怪想法的孩子，怎麼突然間會這麼開心？她忍不住問：「孩子，發生了什麼事嗎？你看上去很快樂！」

「媽媽，我與上帝共進午餐了。」小男孩得意地答道。

沒等母親反應過來，他又說道：「我開心，是因為她給了我最美好的微笑！她看上去那麼慈祥，那麼親切！」

小男孩露出喜悅的神情，回味著下午與「上帝」共同度過的美好時光。

與此同時，在另一個家裡，也上演著類似的一幕。

那位在公園長椅上靜坐的老太太，容光煥發地回到家，臉上的微笑從未斷過。

兒子一臉吃驚地問道：「媽，今天發生什麼事了嗎，您這麼開心？」

「孩子，我今天在公園裡遇見上帝了，他還和我一起分享了巧克力。」老太太與奮地說道。

老太太又說：「你知道嗎？沒想到上帝那麼年輕，比我想像中要年輕得多啊……」

大仲馬說，人生就是由煩惱組成的一串念珠。現代人經常為生活中的瑣事煩惱。佛家規定念珠有一百零八顆，人生的煩惱遠比一百零八要多得多，人們為生活煩惱、為事業煩惱、為愛情煩惱……他們只看到念珠數目繁多，卻沒看到這些珠子能夠被心志磨礪得圓潤光滑，很容易就在眼前手間溜過。

人生多風雨，道路總崎嶇，但世上的路不止一條，希望不止一個，不管遇到什麼，都是生命的典藏。縱然身處逆境，也可以選擇不消沉、不頹廢，在坎坷、磨礪中堅強，在苦難和逆境中成長，在痛苦和煩憂中微笑。越過風浪，就能一往無前。

2 天黑就請閉眼，好好享受安靜的時刻

說起孤獨，人們就會想到離群索居、孤影自憐、孑然一身。在世人看來，似乎只有合群才是正常的，才能免除孤單，得到幸福，其實這只是淺

層次的孤獨，真正的孤獨是一種高貴的品格，一種寧靜的心境。

不是所有的人都喜歡孤獨，也不是所有的人都能擁有孤獨，更不是所有的人都能懂得孤獨、享受孤獨。粗俗淺薄的人只會無聊，心靈充滿恐懼，往往會在孤獨中無奈落寞，迷失方向甚至沉淪頹廢。渴望孤獨、能盡情享受孤獨的人，大多是內心充盈，以獨處來構建自己心靈上的世外桃源，保持自己靈魂的灑脫，正如雄鷹在空中遨遊形隻影單，但牠卻擁有整個藍天。

著名作家、哲學家梭羅曾就讀哈佛大學。一八四五年一個溫暖的春天，廿八歲的梭羅帶著一把借來的斧頭和一些必備的生活用具，輕快地走進美國麻州瓦爾登湖畔的森林深處。

他的面前就是美麗的瓦爾登湖，輕風在湖面吹起層層閃亮的漣漪，也吹得他思緒飛揚，他終於找到了一個靜美的世界，可以映襯自己真實的內心。

一個月後，他用砍來的木材親手搭建了一座小木屋，當他夜裡躺在床上時，月光從窗外照射進來，還可以聽到外面的森林被風吹得嘩嘩地響，此刻，他覺得自己離生命的真諦是那樣的近。

每天清晨，他都會被鳥鳴聲喚醒。上午，他坐在小木屋前沐浴著陽光靜靜地思考；下午，他或在湖邊垂釣，或在星月斑斕的湖面泛舟……

其實他還有一位「鄰居」，那就是早在他來之前便在這裡安家的一隻野鼠。每當他吃飯時，牠便來到他的腳下撿食地上的麵包屑。慢慢地他們就熟識了，有時會在一起玩，像一對老朋友。

漸漸地，善鄰都來了，最熱鬧的便是那些鳥了。最早來木屋安家的，是一隻美洲鶲，牠居然大模大樣地與梭羅共處一室。

在屋外的松樹上，住著一隻知更鳥，每天都為他演奏自然的樂章。五月，有鷓鴣拖家帶口地從林中飛到窗前……

梭羅說：「多餘的財富只能夠買多餘的東西，人的靈魂必需的東西，是不需要花錢買的。」

就是在這種孤獨的幸福中，傳世之作《瓦爾登湖》得以從梭羅的筆下緩緩流出，那份恬靜與和諧，怎能不挑動讀者心底的那根柔軟的弦?!

貝多芬說：「當我最孤獨的時候，也是我最不孤獨的時候。」孤獨其實是一種心理感受，有的人即使長期孤燈獨處，卻很充實；有的人即使夜夜狂歡，心裡面卻仍有無邊的寂寞。沒有「自我」的人永遠都是孤獨的，即使一起狂歡的人再多，場面再熱鬧，也只能是暫時的麻痹。曲終人散後留下的空虛，比孤獨本身更可怕。

孤獨並不可怕，正因為有所等待，我們的精神世界才顯充盈，我們才會更愛自己。

梭羅曾說過：「生活需要孤獨的力量，我們需要集體的溫暖，但我們又是獨立的個體，每個人的人生都有不一樣的精彩，同伴也許會給你幫助，但對彼此的妥協又阻礙了彼此夢想的觸角。一個人上路，一個人去奔赴這場無關風月的旅途，獲得心靈的自由。」

孤獨也是一種福氣，得閒時面對窗前明月，清茶一杯，好書一卷，聽一曲清幽古樂，任情鶩神遊；或獨自漫步山水林野間，託付心靈於自然，靜靜地體味著安逸、悠閒、寧靜和輕鬆。

3 開心就笑，不開心了就過會兒再笑

莎士比亞的名著《奧賽羅》，講述了一個關於憤怒的悲劇。

奧賽羅是一位戰功卓越的將軍，他有一個美麗善良的妻子苔絲狄蒙娜，夫妻間十分恩愛。

有個叫伊阿古的人因為嫉妒奧賽羅，假意成為奧賽羅的好朋友，他不斷挑撥奧賽羅和妻子的感情，誣陷苔絲狄蒙娜與人有染。奧賽羅在偽

造的證據前怒不可遏，衝回家親手掐死了深愛的妻子。

真相很快大白，奧賽羅抱住妻子的屍體悔恨不已，最後拔劍自刎。

「衝動是魔鬼。」面對怒氣，不論怒氣來自他人還是來自自己，都要及時制止。發怒的時候，也要顧全大局，就像英國哲學家培根所說：「無論你如何表示憤怒，都不要做出無法挽回的事。」

十一年前，德威恩不小心在工作中把背部弄傷了，從那以後，公司便將他解雇，失去了工作的德威恩一直承受著疼痛的折磨。

他是個非常喜歡生氣的人：因為傷口無法癒合而生氣；因為公司的不公平而生氣；因為家人與朋友時不時的忽視而生氣，甚至他還會對上帝發脾氣，他認為自己之所以會遭遇這樣的痛苦，完全是因為上帝對他不公平。

大多時間裡，德威恩都會將自己關在家中，他從來不聽廣播、不看電視，也不回朋友的電話，一直為自己的不幸遭遇鬱鬱寡歡。就這樣，他將自己完全封閉了起來。

只要一有人問起他從前生活相關的細節時，他便馬上會變得非常生氣，同時大吼道：「不知道，去他們的。」

有一天，德威恩難得出門，正在街上走著的時候，突然看到一個從前與自己發生過矛盾的同事。結果，他雙手抓著胸口、一下子摔倒在地上。隨後，被救護車送進了醫院。

他對醫生說，自己在看到那個人之後，便立即火冒三丈，接著，胸口便劇烈疼痛，醫生告訴他，他不幸患了心臟病。

四十一歲那年，他的心臟病第二次復發。醫院裡，他的家人、權威專家與牧師圍在他的身邊，向他發出了「最後通牒」：他不能再這麼憤怒了，不然憤怒很可能會帶走他的生命，因為他的心臟再也無法承受這樣的刺激。

此時，德威恩的臉上又再一次出現了早已習慣的表情，大吼道：

「不，我不願意接受這一切。我寧願死，也不能不生氣。」

他的話語預告了他的死亡：三個星期後，當德威恩再一次對著電話向別人大發脾氣時，他的心臟病第三次，也是最後一次發作。當家人發現他的時候，他早已死去，手中還牢牢握著間接導致他死亡的電話筒。

有一天，拿破崙．希爾和辦公大樓的管理員發生了一場誤會。這場誤會導致了他們兩人互相憎恨，甚至演變成激烈的敵對狀態。

這位管理員為了顯示他對拿破崙的不悅，當他知道整棟大樓裡只有拿破崙一個人在辦公室中工作時，他馬上把大樓的電燈全部關掉。在這種情況一連發生了幾次後，終於忍無可忍的拿破崙打算進行反擊。

一個星期天，機會終於來了。

那時，拿破崙正在辦公室裡準備一篇預備在第二天晚上發表的演講稿，電燈忽然熄滅了。他馬上跳起來，奔向大樓地下室，他知道在哪兒能夠找到這位管理員。

當他到達那兒時，發現管理員正忙著把煤炭一鏟一鏟地送進鍋爐內。同時一面吹著口哨，像是沒有任何事情發生似的。

拿破崙馬上對他破口大罵，這時候，管理員站直身體，用柔和聲調說道：「你今天晚上有點兒激動吧，不是嗎？」

這句話就如一把銳利的短劍，一下刺進拿破崙的身體。

站在拿破崙希爾面前的管理員既不會寫也不會讀，是一個十足的文盲，然而，這個文盲卻在這場戰鬥中打敗了拿破崙。

拿破崙希爾明白，他不僅被打敗了，更可怕的是，他是主動的，而且是不對的一方，這一切只會加大他的羞辱感。

後來拿破崙以最快的速度回到辦公室。把這件事反省了一遍之後，他馬上看出了自己的不對。

在意識到自己的錯誤後，拿破崙知道要使內心平靜下來，辦法只有一個，那就是向管理員道歉。

拿破崙來到地下室後，把那位管理員叫到門邊。

這時，管理員用平靜、溫和的聲調問道：「你這一次想要幹什麼？」

拿破崙告訴他：「我是回來向你道歉的——倘若你願意接受的話。」

管理員臉上又露出那種微笑，他說：「憑著上帝的愛心，你不用向我道歉。除了這四堵牆壁以及你和我之外，再沒有其他人聽見你剛才所說的話。我不會把它說出去的，所以，我們乾脆就把此事忘了吧。」

這段話對拿破崙所造成的觸動更甚於他第一次所說的話，因為他不但表示願意原諒拿破崙，更願意協助拿破崙隱瞞此事，不使它宣揚出去，以免對拿破崙造成傷害。

拿破崙向他走過去，抓住對方的手使勁握了握。

走回辦公室途中，拿破崙感到心情非常愉快，因為他終於鼓起勇氣改正了自己的錯誤。

在這件事之後，拿破崙下定決心，以後絕不再失去自制力。因為倘若失去自制力，別人能夠毫不費力地將你打敗。

在下定這個決心後，拿破崙的身體馬上發生了巨大的變化。這件事也成為拿破崙・希爾一生中最關鍵的一個轉捩點。

學會控制自己的情緒，當蒼蠅落在你的桌球上的時候，不要理牠，專心致志地擊你的球！當你的桌球飛速奔向既定目標的時候，那隻蒼蠅不用你趕，自己就會飛走。

相反，如果你跟自己的情緒斤斤計較，並不斷地任由壞情緒控制自己的行動，那麼，你的一時衝動可能會讓你悔恨終生。

不要總是對自己說：「我不高興。」因為這樣的話語只會進一步激發你的怒火。另外，你需要注意的是，不能說粗話，一旦你開口辱罵別人，或使用更加粗魯的行為，便已經將對方列為敵人，無法從對方的角度思考，相互體諒才是消除怒氣的最好方法。

4 美麗來自欣賞，而毀滅來自妒忌

經典名著《三國演義》中，吳國大將周瑜的形象深入人心。

周瑜年輕有為，有雄才大略。孫策臨終對孫權說：「外事不決問周瑜，內事不決問張昭。」可見周瑜在吳國的分量。可在小說中，這位大將卻因為嫉妒諸葛亮的才智，導致了最後的悲劇。

周瑜幾次想謀害諸葛亮，卻被諸葛亮用才智化解。每一次失敗，都加深了周瑜對諸葛亮的嫉妒。諸葛亮通過借荊州、幫助劉備娶孫夫人、識破周瑜奪取荊州的計謀，「三氣周瑜」，導致周瑜舊傷發作而亡。這位本該成為吳國支柱的才俊死前長嘆：「既生瑜，何生亮！」

「既生瑜，何生亮」是《三國演義》裡最有名的一句臺詞。儘管正史中的周瑜與小說中的形象截然不同，既沒有嫉妒諸葛亮，也沒有說過這句話，但小說中的故事仍然可以給我們啟迪。假設周瑜不因盲目的嫉妒屢次針對諸葛亮，而是把目光放長遠，把精力放在增強吳國國力，不但孫劉聯盟可以維持較長時間的和平，齊心對抗曹操，他本人也不致舊傷發作身亡，英年早逝。一位有如此才華的大將因嫉妒之心蒙蔽而失去性命，臨死前還在哀嘆自己不能贏過對手，真讓人無奈，也讓人警醒。

喜歡嫉妒的人，總是容易心懷不滿，動輒生氣。但是，一個勁地生氣有用嗎？生氣，既顯示了自己的氣量狹小，又起不到任何作用。因此，與其乾坐著生氣，倒不如好好爭口氣，提高自己的水準，正是消除和化解嫉妒心理的直接對策。

對於比你強大和能幹的人，你不僅要有單純的羨慕和崇拜，更應該持一種「我一定會比你強，我一定能超過你」的想法。有了積極正面的思考方式，才會帶來奮發向上的實際行動。爭取做到「後來者居上」，你才能活出生命的色彩。

英國大哲學家培根說：「嫉妒這惡魔總是在暗地裡悄悄地毀掉人間的好東西。」《聖經》則把嫉妒視為一種「凶眼」，意思是，嫉妒能把凶險和災難投射到它的眼光所到之處。所以，要想做快樂幸福的人，一定要戒除嫉妒。嫉妒是一種極為消極的負面情緒，是一種需要斷捨離的負面能量。只有勇敢地向嫉妒斷捨離，才能保持內心的平和，從而獲得幸福。如果你繼續任由嫉妒滋長，它將會成長為具有攻擊性的負面心理情緒。

嫉妒心往往會蒙蔽人的心智，讓人做出失去理智的事情，也會嚴重影響我們的人際關係。比我們優越的人比比皆是，我們嫉妒他人的美貌、他人的財富、他人的幸福……因為自己沒能擁有，或者擁有的東西不能使自己滿意，只好去嫉妒別人。

與其嫉妒別人的擁有，一味沉浸在攀比的情緒中，不如先在自己身上找一找原因，為什麼別人會比自己優秀？自己究竟差在什麼地方？只要掌握好嫉妒的限度，嫉妒也可以成為一個成功的動力。

5 心裡裝下多少怨，臉上就長多少斑

一位高僧住在山間的佛堂，附近村莊的信徒們每天都會來燒香。每一天，信徒們都在佛前訴說自己的不幸，請求佛祖普度眾生。

這些人燒完香，就會拉住高僧不停傾訴自己的煩惱，日復一日。

高僧無奈地說：「你們覺得自己很不幸，那麼誰是幸福的人？」

「任何人都比我幸福。」信徒們異口同聲地說。

「好吧，那麼從現在開始，你們每個人拿一張紙條，寫下自己的不幸，然後交到我手裡。」

信徒們認真寫下自己的煩惱和不幸交給高僧。

高僧把紙條的順序打亂，對信徒們說：「現在你們一人抽取一張，

看一看上面的內容，然後告訴我，你們願不願意拿自己的煩惱，交換別人的煩惱？」

信徒們每人抽了一張紙條，打開之後大叫：「我們還是要自己的煩惱更好！」原來他們發現，每個人都有許多的煩惱，自己的煩惱其實並不是那麼嚴重。

芸芸眾生，誰也擺脫不了煩惱，當人們被煩惱壓迫，抱怨就成了生活中不可缺少的一部分。沒有人能夠萬事如意，總有事情讓我們掃興，讓我們沮喪，讓我們難過，讓我們憤憤不平……在這些情緒的驅使下，人們的心靈不再平靜，需要痛快地訴說，於是抱怨開始了。

抱怨不但對我們的幸福無益，還會降低幸福的指數。每抱怨一分，幸福就遠離一分。與其抱怨，不如讓自己擁有一顆能感受身邊幸福的心，做個寬容大度、笑對人生的人。

6 任何不快樂的時光都是浪費

戴爾是一位眼睛幾乎瞎了的不幸女人，但是她的生活卻並不像我們所想像的那樣糟糕。因為她始終堅信，不論是誰，只要來到這個世界上，就是合理的。用她的話說，她相信有所謂的命運，但是她更相信快樂。因為她自己就是一個在廚房的洗碗槽裡也能尋求到快樂的人。

戴爾的眼睛處於幾近失明狀態很久了。她在自己所寫的名為《我要看》的一本書中這樣寫道：「我只有一隻眼睛，而且還被嚴重的外傷給遮住，僅僅在眼睛的左方留有一個小孔，所以每當我要看書的時候，我必須把書拿起來靠在臉上，並且用力扭轉我的眼珠從左方的洞孔向外看。」但是，她拒絕別人的同情，也不希望別人認為她與一般人有什麼不一樣。

當她還是一個小孩子的時候，她想要和其他的小孩子一起玩踢石子的遊戲，但是她的眼睛卻看不到地上所畫的標記，因此無法加入他們。於是，她就等到其他的小孩子都回家去了之後，趴在他們玩耍的場地上，沿著地上所畫的標記，用她的眼睛貼著它們看，並且把場地上所有相關的事物都默記在心裡，不久，她就變成踢石子遊戲的高手了。

她一般都是在家裡讀書的，首先，她先將書本拿去放大影印之後，用手將它們拿到眼睛前面幾乎是貼到眼睛的距離，以至於她的睫毛都碰到了書本。就是在這種情況下，她還獲得了兩個學位，一個是明尼蘇達大學的美術學士，另一個是哥倫比亞大學的美術碩士。

一九四三年，那時她已五十二歲了，就在那個時候發生了奇蹟。她在一家診所動了一次眼部手術，使她的眼睛能夠看到比原先遠四十倍的距離。

她在書中寫道：「當我在洗碗的時候，我一面洗一面玩弄著白色的肥皂水，我用手在裡面攪動，然後用手捧起一堆細小的肥皂泡泡，把它們拿得高高地對著光看，在那些小小的泡泡裡面，我看到了鮮豔奪目好似彩虹般的光彩。」

從廚房上方的窗戶向外看的時候，她還看到了一群灰黑色的麻雀，正在下著大雪的空中飛翔。

她在書的結語中寫道：「我輕聲地對自己說，親愛的上帝，我們的天父，感謝你，非常非常地感謝你！」

快樂的人也許不是最出色的，也不一定比其他人擁有更多的幸福，但卻是掌握人生真諦的人。

快樂就像是一顆種子，你允許它在心裡生根發芽，它就會變成蒲公英，灑滿你的整座心房；快樂又像是天上的風箏，線在你手中，拉一拉它就會回來。只要學會去感受、去享受生活中每一處細微的美好，就可以活得輕鬆、灑脫。

7心就一顆，抵不住一次次的折磨

每個人都有七情六欲和喜怒哀樂，煩惱是人之常情，避免不了的。對待煩惱的不同態度，使人區分為樂天派與多愁善感型。

樂天派的人，通常很少自找煩惱，而且善於淡化煩惱，所以活得輕鬆，活得瀟灑；多愁善感的人則喜歡自找煩惱，一旦有了煩惱，便牽腸掛肚，離不開，扔不掉。

小鎮上一家酒吧裡，燈火通明，喧聲四起。一群衣著光鮮的紳士正圍坐在吧台邊上，一邊喝著威士忌，一邊談論著生意上的事。

「夠了，這樣的日子簡直像受刑，我受夠了！」一個以製作成衣為生的商人抱怨道。不景氣的經濟、日漸低迷的生意，令他終日愁眉不展、鬱鬱寡歡，他的雙眼佈滿血絲，經常失眠。

「怎麼了，朋友？」眾人問。

「真叫人痛苦不堪……」成衣商說出他的心煩事。

一位朋友看在眼裡，就安慰他：「別急，你的問題沒有什麼大不了的，我給你想一個好辦法，如果以後你還睡不著，不如靜下心來，數一數綿羊，這樣等你數累了，自然就會睡著了。」

「嗯，這是個不錯的辦法，我回去就試一試。」成衣商道謝而去。

三天後，成衣商再次在酒吧裡遇到那個給自己提出建議的朋友。

「老兄，你的辦法一點也不靈啊，你看看我現在，精神更加不好了，病情也似乎更加嚴重了！」

「不會吧！」朋友看著他更加紅腫的雙眼，疑惑地道：「你有按照我的話去做嗎？」

「那還用問嗎，我當然按照你說的話去做了呀。不僅如此，我還數到一萬多頭呢！」

「我的上帝，老兄，你沒跟我開玩笑吧！居然數了那麼多，你不可能也不應該一點睡意都沒有啊！」朋友吃驚地問。

「是的，剛開始的時候，我是有些睏意，可是我一想到一萬多頭綿羊將會有多少羊毛啊，如果不剪，那豈不可惜了？」

「那剪完不就可以睡了？」

「你哪裡知道，這一萬頭羊的羊毛所製成的毛衣，要去哪兒找買主啊，一想到銷路，我就更睡不著了。」

要知道很多事情都是無解的，因此不能把自己的思維逼進一個死角。如果明知道是個死角，可還是不依不饒地要往裡面撞，就像一隻撲火的可憐飛蛾，只有死路一條。

上天賦予人類一定分量的歡喜與哀愁，倘若你不懂得用好心情來平衡壞情緒，用新快樂來撫平舊傷痛，那麼，就大大辜負了人類左右情緒的天賦。

請記住一句話：煩惱就像天空上的一片烏雲，如果你的心中是一片晴空，那麼煩惱不會對你有絲毫影響。

8 沒有人會一直幸運，正如沒有人會一直倒楣

一隻快要餓死的老鼠，經過長途跋涉，終於找到了一個糧倉。牠想撿點豆子吃，沒想到一隻貓從天而降。老鼠好不容易才逃走，總算撿回了一條命。

牠哭泣著對神祈禱：「當老鼠是一件多麼可憐的事，我已經餓了整整三天，好不容易找到點豆子，還被貓阻攔。當貓多好，不但可以抓老鼠，還有主人餵，請把我變成一隻貓吧。」

神憐憫老鼠，真的把牠變成一隻貓。

可是老鼠發現，貓也有貓的難處，牠整天被街上的流浪狗欺負，於是牠又要求變成一隻狗。可是狗總是被村子外的狼恐嚇。最後老鼠說：「把我變成最強大的大象，這樣我就再也不會被欺負了！」

神答應了牠的要求，老鼠以為從此就能過上無憂無慮的日子，可是大象身體笨重，行動遲緩，整天吃不飽，還要拖著巨大的身子到處找食物。

這一天，牠鼻子裡說不出來的難受，打了半天的噴嚏，竟從鼻子裡鑽出一隻小老鼠。

「原來大象竟然會被小老鼠弄得寢食不安！」老鼠感嘆，要求神把自己變回老鼠，從此不再抱怨了。

詹姆斯是個經常走霉運的人，可他生性樂觀，對任何事情都抱著正面的看法，每天過得都挺開心。當有人問他生活得如何時，他總會說：「我快樂無比。」

有朋友問他：「誰都會有悲傷的時候，也不可能總是能看到事物的正面，你是怎麼做到的呢？」

詹姆斯說：「每天早晨，我一睜眼就會告訴自己，快樂不快樂都是一天，我今天一定要快樂！這就好比發生不好的事情時，你可以選擇當一個悲哀的受傷者，也可以選擇做一個從不幸當中學到些東西的樂觀人。人生就是選擇，當你選擇了以最好的方式來生活，你就能快樂。」

有一天，詹姆斯出事了。他看到三個持槍的強盜從鄰居家裡慌慌張張地跑出來，強盜發現了他，其中一個人對詹姆斯開了一槍。經過十八小時的搶救以及親人精心的照料，詹姆斯總算活了下來，可是仍有小部分子彈碎片留在他的體內。

朋友們問他感覺怎麼樣，他說：「我感到快樂無比。」

朋友看了看他的傷疤，然後問他中槍時在想什麼。詹姆斯答道：「當時我躺在地上，我知道自己面臨著兩個選擇：一個是死，一個是活。我理所當然地選擇了活。」

朋友問：「你當時不害怕嗎？」

「醫護人員太好了，他們不斷地告訴我，我會好起來的。但在他們把我推進急診室後，我看到他們流露出了『他是個死人』的眼神。我知道我需要採取一些行動了。」

「那你採取了什麼行動呢？」

「有個美麗的女護士問我對什麼東西過敏時，我馬上回答說『有！』這時，所有的醫生和護士都停下來，等我繼續說下去。我深深地吸了一口氣，然後大聲對他們說：『子彈！』在醫護人員的一片大笑聲中，我又接著說道：『我要活下來，不要把我當成死人來醫。』」

詹姆斯就這樣活了下來。當詹姆斯身負重傷時，醫生們早已放棄他，而他最後能幸運地活下來，與其說是醫生們的醫術高明，還不如說是詹姆斯積極求生的態度感染了醫護人員。

煩惱和痛苦只在我們一念之間。面對煩惱，應該學著積極一點。抱怨「我怎麼這麼倒楣」和說「還好我不是最倒楣的」，是截然不同的兩類人。前者容易把困難想複雜，給自己增加無謂的心理壓力，導致自己的應變能力降低，成為一個真正的倒楣蛋；後者則能夠看輕痛苦，以最輕鬆的心情面對生活，保持樂觀的態度戰勝困難。很明顯，後一類的人更容易得到快樂和滿足。

開車的人大多有過一路紅燈的經驗，大城市的交通出奇擁堵，你又在趕時間，偏偏前面路口一盞紅燈，再前面的路口又是一盞紅燈。人生道路上，煩惱就像一盞盞紅燈，預示此路要等等才能通過。

對比起遇到綠燈的高興，紅燈的確讓人心煩，一連串的紅燈更是讓人覺得倒楣透頂，不過交通就是如此，有綠燈就會有紅燈。人生也是一樣，有幸運就會有不幸。倒楣的時候，不妨積極一點，告訴自己運氣守恆，沒有人會一直倒楣。

總是提醒自己倒楣的人，看到什麼事都想著壞的一面，認為霉運會一直跟著自己，從此更看不到快樂的事，心態上的悲觀導致了自己常常倒楣，一直沒有好運氣。而那些積極向上的人，總能夠發現事物光明的一面，即使遭遇不幸，他們也能用「幸好只是如此，沒有更糟」來安慰自己，使自己成為一個幸運者。他們始終相信，一路紅燈之後，一定能暢通無阻。

08

清

時光撲面而來，我們終將釋懷

昨日是死的，明天卻是初生的，
是陪伴一具死屍，還是培育一個有靈魂的嬰兒，
這並不是一道艱難的選擇題。

1 錯就錯了，別讓內疚堵塞靈魂

與愛相比，所有的錯誤，所有的誤會，所有的糾結，又算什麼。誰的人生不是溝溝坎坎？給自己一個理由，原諒對方的同時，也別忘了原諒自己。生活還在繼續，錯誤後，難過後，要懂得適時原諒自己，才有勇氣去闖蕩明天，用心擁抱世界，用長繭的雙手摘下星辰。

美國作家阿爾伯特·哈伯德在《你不必完美》的文章中，講述過這樣一件事：

因為在孩子面前犯了一個錯誤，他心裡非常內疚。他害怕自己在孩子心目中的美好形象被摧毀，害怕孩子不再愛戴他、尊重他，因此一直不願意主動認錯。

心靈的煎熬一天一天地折磨著他。終於有一天，他忍不住了，主動找孩子承認了錯誤。結果他驚喜地發現，孩子並沒有因此而嫌棄他，反倒比以前更愛他了。

他由此發出感嘆：人類所能犯的最大的錯誤，就是害怕犯錯誤。

錯了就錯了，是人就會犯錯，知錯能改，善莫大焉，有什麼大不了的呢？就像哈伯德講述自己的那段經歷一樣，承認錯誤沒有人會嘲笑你，反而會覺得你誠實、誠懇，更何況每個人都會犯錯。相反，你越是想逃避，越是不敢去面對，越是怕損害自己的完美形象，往往才讓人覺得你不可理喻、不明事理。

允許自己犯點錯吧！犯了錯，自嘲地對自己笑笑，瀟灑地走出煩惱的世界；犯了錯，別用近乎自虐的方式懲罰自己，將經歷過的失敗、犯過的錯誤，變成彌足珍貴的經歷和經驗。

當然，若還有機會能彌補過錯，更是幸運。最折磨人的，莫過於那些已經釀成卻沒有機會再彌補的錯誤。這就像一個疙瘩，繫在心裡一輩子也難解開，自己煎熬，周圍的人也跟著難受。

2 痛了就會結疤，沒有必要再撒把鹽

有些人喜歡誇大自己的傷口，也許他們希望別人體貼自己，也許他們想要宣洩壓力，他們把自己的傷痛加倍，告訴別人也告訴自己，彷彿那些傷口再也沒有辦法癒合。事實上，影響癒合的正是這種留戀傷口的行為，他們忘不了傷口，也不願意忽略，寧可把疼痛當做生活的重心，也不尋找方法做一次「傷痛轉移」。其實，傷口留下的不過是一道疤，看似嚴重，早已不礙事，只有對它們念念不忘的人才會一次又一次受到傷害。

一九六七年夏天，美國跳水運動員喬妮在一次跳水事故中身負重傷，全身癱瘓。

喬妮哭了，絕望了，她不能接受這個殘酷的現實。出院後，她叫家人把她推到跳水池旁。她注視著那藍盈盈的水波，仰望那高高的跳臺，忍不住哭了起來。她知道她再也不能站立在那潔白的跳板上了，再也無法融入到那藍盈盈的水波中了。

從此，她被迫結束了自己的跳水生涯，那條通向跳水冠軍領獎臺的路上，再也看不見她的蹤影。

她一度絕望過，但她的心中還有信念。她拒絕了死神的召喚，開始冷靜地思索人生的價值和生命的意義。她借閱了許多關於勵志以及前人如何成功的書籍。她雖然雙目健全，但讀書卻十分艱難，只能用嘴銜根小竹片去翻書。但每一本書她都認真地用心去讀，去感悟。病痛和疲憊常常迫使她停下來，休息片刻後，她還會堅持讀下去。

慢慢地，她釋然了：我的身體是殘疾了，但是我的心沒有殘疾，她開始重新審視自己。

她想起來，她除了喜歡跳水之外，對畫畫也很感興趣，她為什麼不能在畫畫方面有所成就呢？

想到這兒，她撿起了中學時代曾經用過的畫筆，用嘴銜著練習。

用嘴畫畫，這是一個多麼「幼稚」的想法。家裡人連聽也未曾聽說過。她們怕她不成功會更傷心，紛紛勸阻她：「喬妮，別那麼折磨自己了，用嘴畫畫怎麼可能，我們會養活你的。」

可是，他們的話不但沒有打消喬妮的熱情，反而激起了她學畫的決心：「我怎麼能讓家人養活我一輩子呢！」

她更加認真了，常常累得頭暈目眩，汗水把雙眼弄得又辣又痛，甚至有時委屈的淚水把畫紙也浸濕了。

為了收集素材，她還常常乘車外出，拜訪藝術大師。好多年過去，她的辛勤付出終於有了回報。她的一幅風景畫在一次畫展上展出後，好評如潮。

一九七六年，她的自傳《喬妮》一經問世便轟動文壇。她收到了數以萬計熱情洋溢的讀者來信。兩年後，她的《再前進一步》一書又出版了。該書用她的親身經歷向身患殘疾的朋友講述應該怎樣戰勝病痛，如何立志成才。

後來這本書被搬上銀幕，影片的主角就由喬妮自己飾演，她成了千千萬萬個青年尊崇的偶像和學習的榜樣。

在人的一生中，比死亡、衰老、疾病更慘重的打擊就是失去理想。理想是人們的人生意義所在。為了理想，人們甘願忍受一切痛苦，如果失去實現理想的機會，那麼一切苦難都變得難以忍受。

偉大的音樂家貝多芬患上耳疾，嚴重的時候甚至聽不到任何聲音，一個創造美麗聲音的人卻聽不到聲音，這是多大的打擊！貝多芬消沉過，絕望過，甚至寫下了遺囑。最後，他還是決定原地站起來，靠著堅強的毅力繼續他的創作。

失去並不等於一無所有，人不應該只有一個理想，當原來的那個無法實現，就要尋找下一個，這才是生命的意義所在。昨日的理想不能挽回，明日的理想還未建立，我們需要做的是留心觀察，仔細尋找，總會有事情喚起你曾經的激情，讓你重新奮發。

3 淺笑安然，讓一切傷害了無痕

你念念不忘那些已經存在的傷害，想用報復去刺痛傷害你的人，無疑也是在給自己的傷口撒鹽。若是你選擇忘記，選擇不在乎，將那些傷害過你的人視若空氣，他們原以為會看到你怨毒的眼神和無力的掙扎，正準備用最不屑的言語來諷刺你，卻不料你已經不記得他們，這對他們而言，將是怎樣的一種失望和不甘?!

人生就是一次長途跋涉，不停地走，不斷地看到新的風景，其間也會遇到坎坷，如果把走過的路、看過的風景都牢記於心，只會徒增負擔。閱歷越豐富，壓力就越大，倒不如一路走來一路忘記，永遠輕裝上陣。

譚恩美是美籍華裔女作家，她的作品生動感人，溫婉的語言每每觸及讀者的靈魂。可是沒有人相信，在譚恩美十六歲的時候，她曾用充滿仇恨的話語喊道：「我恨你!我恨不得自己死掉……」而站在她面前的是她的母親。

在譚恩美的記憶中，與母親的爭吵似乎一直在持續著，每次爭吵後，母親都會露出一個近乎瘋狂的扭曲微笑，然後嚷道：「好啊！我也許是該死掉，這樣我就不用當你媽媽了！」然後在接下來的日子裡，以冷戰相對，冷戰結束後，依然是爭吵。

最讓少年譚恩美受不了的，是母親經常在別人面前批評、羞辱她，禁止她做某些事情，哪怕譚恩美有充足的理由。

母親永遠不要理由，只會批評，這讓譚恩美暗自發誓：永遠不忘記這些委屈！要讓自己的心硬起來，像母親那樣！

三十年後，譚恩美意外地接到了母親的一通電話，這讓她驚訝萬分，因為母親患上老年癡呆症已經三年多了，她忘記了許多人許多事，甚至無法講出連貫的話語。

但話筒那邊確實是母親焦急的聲音：「恩美！我的腦子出問題了！」

恩美屏住了呼吸。

「我覺得很多事我都記不得了，昨天我做了什麼？對你做了什麼？我不記得很久以前到底發生過什麼事……」母親說話的時候好像一個溺水的人。

「你不要擔心！」恩美終於能說出話了。

「不！我知道我做過一些傷害你的事！」母親狂亂地叫起來。

譚恩美馬上回答：「你沒有，真的，別擔心。」

「我真的想不起來了！但我知道，我做過一些可怕的事情……我只想告訴你……我希望你能像我一樣把它忘掉。」

「真的沒有，別擔心。」譚恩美只能重複這幾個字，因為她哽咽著，她不想讓母親聽出來。

「真的嗎？」母親平靜了一些，「好吧，我只是想讓你知道。」

掛上電話，譚恩美大聲哭了出來，既傷心又幸福。

六個月後，母親故去了。她及時把最能撫慰人的話留給了女兒，好似撥開雲霧後那開闊、湛藍的天空。

「遺忘掉仇恨和痛苦，銘記住親情與關懷，這才是人生最重要的。」譚恩美在母親的葬禮上如是說。

可見，**忘記是對痛苦的一種解脫，是對傷害的一種撫慰，是對自我的一種釋放**。有人說人心如杯，不倒去舊水，就無法盛裝新水。

生活也是如此，如果不願意捨棄過去，忘記曾經的痛苦，就無法讓心靈成為一個空杯，無法承載新的生活。有時候生活不再精彩，不是因為生活反覆無常，而是因為人們的背負太重。所以忘記痛苦；倒空舊水，你會發現空杯原來可以容納更多美好的甘醇。

二十世紀，美國建築大王凱迪的女兒和飛機大王克拉奇的兒子，在兩家父母的撮合下開始交往。但兩個人的交往並不順利，爭吵時有發生。兩家都是社會上的名流巨富，兒女們的這種關係，讓他們大傷腦筋，甚至擔心會不會發生什麼不測。

誰想擔心什麼就有什麼，令他們震驚的事還是發生了，凱迪的女兒竟然被克拉奇的兒子毒死了。克拉奇的兒子小克拉奇因一級謀殺罪被關進大牢，兩家人的身心因此受到沉重的打擊。

克拉奇的兒子在法官面前堅決不承認自己的罪行，這使凱迪一家非常氣憤。而克拉奇一家也在拼命為兒子奔走上訴，如此一來，兩家人便結下了深仇大恨。

一年後，法院做出終審，小克拉奇投毒謀殺的罪名成立，被判終身監禁。克拉奇為了能讓兒子得到緩刑，不斷以重金為凱迪一家做經濟補償，以便凱迪能為兒子說情。而凱迪每得到克拉奇家族的一筆補償，就像是接過一把刺向自己內心的刀，悲痛難言。

最終事實證明，凱迪女兒的死與克拉奇無關，引起媒體的巨大轟動。面對報社的採訪，凱迪與克拉奇兩家都說了同樣的話：「二十年來，我們付不起的是我們已經付出的又無法彌補的心態。」

傷人者自傷。或許，他們都明白這一點，但在迷失心智的那一刻，卻全然忘記，只記得報復。當你暢快淋漓地刺傷那些傷害你的人的同時，也在傷害你自己和那些真正愛你的人。

試著每天忘記一些不該記住的東西，把鎖上的心門打開，讓自己尋找快樂。你會發現，天空並不是那麼灰暗，痛苦也不是緊緊圍繞著自己，傷心的感覺總會慢慢減弱。

世間萬事總有它的因由和無奈，淺笑安然，好過背負著報復的利劍。既如此，又何必戀戀不忘，傷害自己呢?!

4 看開了，誰的心中都有一片海

世間最大的苦，是自己看不開，讓自己的心蒙塵受苦。人看開的時候，心靈之門是敞開的，什麼都看清了，就不怕了。很多時候人的恐懼都因為看不清。看開了，恐懼沒有了，心情就好了，一好百好，人逢喜事精神爽。心靈之門一關，一切都看不清了，因為看不清，人們會有一種戒備、焦慮的心理，自然無法積極樂觀起來。

換一個角度思考問題，完全是兩種結局、兩種心境。所以，當我們遇到困難與挫折的時候，千萬不要鑽牛角尖，不妨換個角度思考，勸解自己，看開一些，人生沒有過不去的坎。

兩個漁民因為船隻失事而流落到一個荒島。甲漁民一上岸就愁眉苦臉，擔心荒島上沒有充饑之物、落腳之處。乙漁民則是為自己將要開始一段新的生活而歡呼。

兩個人在荒島上找到一個山洞，乙漁民為今晚可以睡一個好覺而慶幸，甲漁民卻擔心洞裡面是否有怪獸。乙漁民安然入睡，甲漁民輾轉難眠，不知道明天怎麼度過。

上帝可憐兩個漁民，讓他們在荒島上意外地發現一袋糧食。乙漁民高興得手舞足蹈，而甲漁民擔心怎麼把生米煮成熟飯，煮出來的飯是否咽得下。

島上沒有淡水喝，他們不得不喝海水。乙說：「喝淡水喝慣了，喝喝海水換換口味。」而甲漁民極不情願地把海水咽下，怨聲載道。

每吃完一頓飯，乙漁民總是很滿足地說：「又過了一天。」而甲漁民總是嘆氣：「唉，假如糧食吃完了該怎麼辦呢？」糧食一天一天地減少，終於被他們吃完了。荒島上還有些野果，他們把它們採摘回來，乙漁民說：「運氣真好，竟然還有水果吃。」甲漁民哭喪著臉說：「從來沒有這麼倒楣過。上帝不要我活了，竟然要吃這樣的野果。」

終於野果也吃完了，他們再也找不到其他可以吃的東西了。為了保持力氣，他們只好躺在洞裡休息。乙漁民說：「想不到我竟然什麼也不要做還可以睡覺。」甲漁民絕望地說：「死亡離我們越來越近了。」

最後一刻，他們都堅持不住了。乙漁民說：「終於可以拋開一切煩惱，投奔天國了。」甲漁民說：「我還不想下地獄。」

乙漁民死了，臉上掛著微笑。甲漁民死了，臉上充滿悲傷。

痛苦的時候，心靈會像漂浮在汪洋大海之中，四周都是波濤，心中不安又恐懼，害怕下一秒自己就會沉沒。出於求生的本能，我們張望著，想要尋找一條讓我們渡過難關的船隻，多數時候，我們等到的只是一塊浮木，一根稻草。

在失望的人眼中，它們起不了任何作用；可在滿懷希望的人眼中，這無疑是一種平安的信號。對待生活中的任何事，都要有積極的心態，不要輕視每一個痛苦，也不要錯過每一次快樂的機會。

一位油漆匠去給一位老太太粉刷牆壁。當他走進門，看到她的丈夫雙目失明時，頓覺憐憫。可是男主人開朗樂觀，和他的妻子有說有笑，還不時地和油漆匠開開小玩笑，油漆匠在這裡工作得十分輕鬆、愜意。

一天，油漆匠忍不住問這位男主人為什麼如此地快樂。

男主人笑了笑：「為什麼不快樂呢？我在一次事故中失明，雖然我再也看不見陽光和鮮花，但是我能感受到陽光的普照，聞得到鮮花的芬芳。我還有一個健康的身體，最重要的是，我的妻子不離不棄，對我的愛一如既往。比起那些癱瘓不能自如走動，沒有溫馨家庭的人，我已經很幸運了，所以我沒有理由不快樂。」

他的話讓油漆匠很受感動。

一周後，牆壁粉刷竣工，油漆匠取出帳單，老太太發現比原來談妥的價錢少了很多。她問油漆匠：「怎麼少算這麼多呢？」

油漆匠回答說：「我跟你先生在一起覺得很快樂，他對人生的態度，使我覺得自己的境況還不算最壞。所以減去的那一部分，算是我對他表示的一點謝意，因為他使我不再把工作看得太苦！」

面對苦難，我們不要有太多的遺憾，是保持心靈的那份平靜，還是被不安與煩躁的情緒所籠罩，一切都源於我們自己。只要我們不做無謂的抱怨，不自己嚇自己，不斤斤計較亂生氣，就能享受生命的快樂。

人生路上，我們無數次被自己的決定或碰到的逆境擊倒、欺凌甚至碾得粉身碎骨。但無論發生什麼或將要發生什麼，在上帝的眼中，我們永遠不會喪失價值。所以，創傷是一種歷練，而不是懲罰，不要因為自己遭受的挫折、創傷而貶低、否定、懲罰自己，而應該重新整理心情和人生，帶著這種創傷留下的疼痛和成熟繼續上路。

錯過了愛情，我們學會了愛；錯過成功，我們學會了拼搏；因為錯過，我們學會了珍惜；因為遺憾，我們學會了抓住機遇……每一種創傷，都是一種成熟。我們常常安慰別人說：「人生是沒有圓滿的。」我們不能得到一切，我們永遠不會是最幸福的人。然而，誰說人生是沒有圓滿的呢？我們所擁有的是另一種圓滿。

我們從遺憾中領略圓滿。沒有分離的思念，怎麼能領略相聚的幸福？沒有經歷過被出賣的痛苦，怎會領略忠誠的可貴？沒有品嘗過失敗無奈的滋味，又怎會體會成功的喜悅？沒有遭遇病魔的襲擊，怎能體會健康對人的重要？在紛紛擾擾的人世間，能夠擁有，能夠相聚，彼此忠誠，長相廝守，不正是一種圓滿嗎？

5別總在冬天懷念夏天的炙熱

世事未必能盡如人意，有欣喜，當然也有黯然。它固然有成串的歡笑，當然也有令人沮喪而泣的時刻。但那都只是過眼雲煙，終不能永遠定格在生命之中。

人一旦停滯在昨天、過去，就會產生雜念，有執著戀舊之心，便會痛苦、怨恨、嗔怒、不甘心。

一九五四年，巴西的男女老少幾乎一致認為巴西足球隊定能榮獲世界盃的冠軍。然而，天有不測風雲，巴西隊意外地輸給了法國隊，結果沒能將那個金燦燦的獎盃帶回巴西。

球員們比任何人都更明白，足球是巴西的國魂。他們懊悔至極，感到無臉去見家鄉父老。他們知道，球迷們的辱罵、嘲笑和扔汽水瓶子是難以避免的。

當飛機進入巴西領空之後，球員們更加心神不安，如坐針氈。

可是，當飛機降落在首都機場的時候，映入他們眼簾的卻是另一種景象：巴西總統和兩萬多名球迷默默地站在機場，人群中有一條橫幅格外醒目：「這已經過去！」

球員們頓時淚流滿面，低垂的頭都揚了起來。

四年後，巴西足球隊不負眾望贏得了世界盃冠軍。回國時，巴西足球隊的專機一進入國境，十六架噴氣式戰鬥機即為之護航。

當飛機降落在道加勒機場時，聚集在機場上的歡迎者多達三萬人。在從機場到首都廣場將近二十公里的道路兩旁，自動聚集起來的人群超過了一百萬。這是多麼宏大和激動人心的場面！

人群中又出現了四年前那條橫幅：「這已經過去！」球員們慢慢地

把高高揚起的頭低了下來。

人的一生是個漫長的過程，所有眼前的事在時間的長河裡都顯得那樣的渺小，真正值得去做的不是緬懷往昔，而是重新開始，繼續創造未來。

喬丹，NBA的一個奇蹟，他是全世界人們最耳熟能詳的籃球運動員，曾經獲得無數個輝煌的成績。那麼，他是如何從一個名不見經傳的普通球員，成長為國際明星的呢？

在喬丹還是個不太知名的普通球員時，有一次，他所在的隊取得了一場比賽的勝利，和同伴們一樣，喬丹也沾沾自喜地暢說著自己內心的喜悅之情，一旁的教練卻顯得相當冷靜。他把喬丹叫到一旁，用十分嚴肅的口氣對他說：

「你是一個優秀的隊員，可是在今天的比賽場上，我不得不說你發揮得極差，完全沒有突破自己，你離我想像中的喬丹還差很遠。你要想在美國籃球隊一鳴驚人，必須時刻記住——要學會自我淘汰，淘汰昨天的你，淘汰自我滿足的你，否則你就不會有尋求完善的心……」

聽了教練的話，喬丹慚愧極了，他將這些話銘記於心，時刻激勵著自己。在不懈的努力下，喬丹的球技得到了迅速的提升，終於挺進芝加哥公牛隊，成為全美乃至全世界家喻戶曉的「飛人」。

喬丹曾多次表示，自己取得的成績離不開教練當初的那一席話，是教練讓他明白必須忘記過去的輝煌，才能更加集中精力應對眼前的事情。即便在他已經成為籃球巨星的時候，依然不忘用當初的那些話來提醒自己。

要知道世上沒有常勝將軍，失敗是難免的，跌倒了就應該爬起來，這也是一種勝利。幸福靠自己創造，堅持到底就是勝利，鍥而不捨才能成功，成功只能代表過去，時間就像邊角料，要學會合理利用，一點一滴都不放過。知識越多越謙虛，生活充實就不會胡思亂想，登高而望遠。

6 努力了，結果還那麼重要嗎？

也許你並不優秀，但只要盡力而為，便有機會在苦難中綻放光芒，擁有燦爛的人生；也許你很懦弱、膽怯，但只要盡力而為，困難並不是無法戰勝。「從現狀出發，盡力而為」是一座幫你通向幸福美好的橋梁。

但有的人，偏偏有橋不走，尋死跳河。凡事不求完美，但只需要盡力而為，就會有一股隱藏在差距之中等待創造未來的奇蹟力量。正如狄斯利說的那樣：「當一個人全心全意追求一個目標，甚至願意以生命為賭注時，那麼他就是所向無敵的。」

從前有個王國，老國王的年紀大了。一天，他把三個兒子叫到跟前，對他們說：「我們王國北方有一座最險峻的山峰，山頂上長著全世界最老、最高、最壯的松樹。我派你們獨自去攀登那座高峰，從那棵樹上摘一根樹枝回來，凡是把最棒的樹枝拿回來的人，就可以繼承我的王位。」

第一個王子帶著行囊和裝備出發了。三個星期後，風塵僕僕地回到王國，帶回了一根巨大的樹枝。國王似乎很滿意，恭喜他完成了任務。

接下來輪到第二個王子，他發誓要取回更好的樹枝，於是帶著帳篷和必需品上路了。六個星期快結束時他才回來，拖著一根龐大的松枝，比第一個王子拿回來的大了很多。國王高興極了。

最後，最小的王子收拾行囊朝高山出發，然而他久久沒有回來，直到第十四個星期，才傳來第三個兒子正在返家路途中的消息。

國王算準他到家的時間，命令全國人民聚在一起等候第三個兒子回來。王子到達時，全身衣服又髒又破，不僅疲累不堪，而且連一根小樹枝都沒帶回來。

小王子眼裡含著羞愧的淚水說：「對不起，父親，我試著去完成你交代我的事，找到那座雄偉的高山，日以繼夜地登上最頂端，尋遍了整個山頂，可是發現那裡根本就沒有樹！」

國王淚流滿面，向幼子說：「你是對的，那座山頂根本沒有樹木，現在，王國的一切都是你的了。」

眾人不解，便問國王為何要將王位傳給這位沒能帶回樹枝的兒子。國王說：「他雖然沒有帶回樹枝，但他是我三個兒子中最努力的。當他發現山頂沒有樹枝的時候，他接受了眼前的現狀。接著，他花了好幾個星期去尋找我所說的那些樹，雖然他最後都沒能找到，但他具備了作為一個國王應該有的素質。」

只要在生活中永遠選擇盡力而為，到最後你一定會收穫豐碩的果實。

強森是個黑人，因為種族歧視之故，他從小就經常受到不公平的待遇，這給他的心靈留下了深深的烙印。

大學畢業後，他決定自己創辦一份雜誌，可是資金卻成了問題，因為銀行不肯貸款給黑人，除非抵押大量財產。無奈，他向母親借了一套貴重的傢俱，這套傢俱是母親花了半輩子的積蓄才買來的。

經過一年的艱苦創業，強森的雜誌打開了銷路，賺到了第一桶金，還將母親的傢俱贖了回來。沒過多久，一場金融危機突然襲來，強森的事業遭到重創，甚至連吃飯都成問題。很多人都嘲笑他不是經商的料，但他並沒有被嘲諷嚇倒，一邊撿破爛，一邊為重組公司做著努力。

皇天不負有心人，幾年後，他又辦起雜誌社，人們都對他豎起了大拇指。

正當他雄心勃勃準備大幹一場時，幾位股東卻突然撤資，雜誌社再次舉步維艱。他周圍的閒言碎語又漸漸多了起來。

強森萬念俱灰地對母親說：「媽媽，這次我真的失敗了。」

母親問他：「孩子，你盡力了嗎？」

「我盡了最大的努力，但已經沒用了。」他回答。

「不，努力是永遠不會沒用的，孩子。你不要在乎別人的流言蜚語，人生不是以成敗論英雄的。所以，你只需要做好自己，堅持下去，沒有人會看不起你。」母親說。

母親的話，使約翰森想起先前失敗後人們對他的態度，他明白了母親話中的涵義。

的確如此，失敗了不要緊，就怕因此而放棄了努力，只要你盡了最大努力並堅持下去，就不會成為「失敗者」。

盡力而為，就能問心無愧。不論是工作、學習，還是追尋幸福，我們都要盡力而為；成功了縱然歡喜，失敗了也不必太過憂傷，因為我們已經盡力了。

7活在當下，靜待花開

很多人喜歡把時間浪費在追悔過去或是憧憬未來。其實，真正地把握住現在才是最有意義的。

不論昨天發生了什麼，不管明天會發生什麼，當下才是你所在的地方，也是你起步的地方。

有個年輕英俊的國王，既有權勢又很富有，但卻為兩個問題所困擾：一是，我一生中最重要的時光是什麼時候呢?另一個是對我一生最重要的人是誰？

他對全世界的哲學家宣布，凡是能圓滿地回答出這兩個問題的人，將分享他的財富。哲學家們從世界各個角落趕來了，但他們的答案沒有一個能讓國王滿意。

這時有人告訴國王，在很遠的山裡住著一位非常智慧的老人。國王馬上就出發去找他。

國王到達那個智慧老人居住的山腳下後，裝扮成一個農民。他來到智慧老人住的簡陋的小屋前，發現老人盤腿坐在地上，正在挖著什麼。

「聽說你是個智慧的人，能回答所有問題。」他說，「你能告訴我誰是我生命中最重要的人、何時是我一生中最重要的時刻嗎？」

「幫我挖點馬鈴薯！」老人說，「把它們拿到河邊洗乾淨，我燒些水，你可以和我一起喝一點湯。」

國王以為這是對他的考驗，就照老人說的做了。他和老人一起待了幾天，希望他的問題能得到解答，但老人卻沒有回答。

最後，國王對自己和這個人一起浪費了好幾天的時間感到非常氣憤。他拿出自己的國王印璽，表明了自己的身分，宣布老人是個騙子。

老人說：「我們第一天相遇時，我就回答了你的問題，但你沒明白我的答案。」

「你的意思是什麼？」國王問。

「你來的時候我向你表示歡迎，讓你住在我家裡。」老人接著說，「要知道過去的已經過去，將來的還未來臨——你生命中最重要的時刻就是現在，你生命中最重要的人，就是現在和你待在一起的人，因為正是他和你分享並體驗著生活啊。」

一個懂得珍惜當下的人會以一種發展的心情去看待事物。《大學》中提到過：「止於至善。」意思是說，人應該懂得如何努力而達到最理想的境地，懂得自己該處於什麼位置是最好的。一個珍惜當下的人，遇到事情會坦然面對，欣然接受；能與愛人琴瑟和鳴，相濡以沫。珍惜當下是一種人生底色。當我們都在忙於追求、拼搏而找不著方向時，珍惜當下，這種在平凡中渲染的人生底色所孕育的寧靜與溫馨，對於我們是一個避風的港口。

休憩整理後，毅然前行。真正做到自得其樂，人生便會多一份從容，多一份達觀，多一份開朗，多一份自信，多一份優雅。你會發現，你的人生可以活得這樣開心！

如果你始終對過去的事情念念不忘，陷入深深的泥潭中不能自拔，那麼你便永遠也不會快樂。要記得一個簡單的道理：珍惜當下的擁有，你才會擁有屬於自己的快樂，你身邊的人也會因為你的珍惜而獲得幸福。

很久以前，在一個香火鼎盛的寺廟裡，有一隻蜘蛛染上了佛性。

有一天，佛從天上路過，看見了這個香火很旺的寺廟，就來到了這個寺廟裡。

佛看見了那隻蜘蛛問：「蜘蛛，你知道在這個世界上最值得珍惜的東西是什麼嗎？」

蜘蛛回答：「得不到的和已經失去的。」

佛說：「好，三千年後你再來回答這個問題。」

佛走了。蜘蛛仍然生活在這個寺廟，每天都為前來許願的人們祈禱，每天都為他們的故事感動著。日子就這樣在不知不覺中慢慢地過去。

三千年後，佛又來到了這個寺廟，他又問這隻蜘蛛：「蜘蛛，你知道在這個世界上最值得珍惜的東西是什麼嗎？」

蜘蛛仍然回答：「得不到的和已經失去的。」

佛說：「好，三千年後你再來回答這個問題。」

佛走了。

忽然有一天，一陣風刮來了一滴甘露，這滴甘露就落在蜘蛛的網上，蜘蛛很喜歡這滴甘露，每天都看著它，覺得自己很幸福，覺得每天時間都過得很快。

但是有一天，又刮來一陣風，把甘露帶走了。蜘蛛失去了甘露，很傷心，日子就在蜘蛛的悲傷中慢慢過去了。

三千年後，佛再一次來到這個寺廟，問蜘蛛：「蜘蛛，你知道在這個世界上最值得珍惜的東西是什麼嗎？」

蜘蛛仍然回答：「得不到的和已經失去的。」

佛說：「好，那你就和我一同到人間走一趟吧。」

蜘蛛隨佛來到了人間。

十八年過去了，蜘蛛投胎成一個官宦之家的小姐，取名珠兒。同年，投胎轉世的甘露也成了金科狀元。在一次皇宮的大宴上，珠兒和甘露又一次相遇了。

甘露儀表堂堂，舉止文雅，成為眾人矚目的焦點，自然也得到了皇帝的女兒——長風公主的青睞。珠兒並不著急，因為她知道，她和甘露的緣分是上天定下的。

一天，珠兒去寺廟裡燒香，恰巧遇見了陪母親來燒香的甘露。她走過去，甘露文質彬彬地說：「小姐，您有何貴幹？」

珠兒的臉色頓時變得很蒼白：「你難道不認識我了嗎？我是珠兒呀，就是兩千多年前的那隻蜘蛛。」

甘露不解地回答：「對不起小姐，我想你認錯人了，我並不認識你，也不知道你說的是什麼。」

甘露扶著母親走了。

珠兒陷入了無比的悲痛之中，她不明白這份上天註定的姻緣竟是這樣。

幾天後還沉浸在痛苦中的珠兒聽到了兩個消息：一是皇帝把自己的女兒長風公主許配給了今科狀元——甘露，二是皇帝把她許配給了自己的兒子——甘草。

聽到這個消息，珠兒終於承受不住，一病不起。

甘草很傷心，來到珠兒的床邊，握著昏迷中的珠兒的手說：「珠兒，你知道嗎，自從在父皇的大宴上看見你，我就深深地愛上你，所以我請求父皇把你許配給我，如果你死了，我這下半生……」

珠兒聽不見，因為她的靈魂已經慢慢離開了她的軀體，她的靈魂看著身邊默默流淚的甘草，感覺像有一把刀在心裡狠狠地割了一下。

正在這時，佛出現了，他問珠兒：「你現在能告訴我，什麼是世界上最值得珍惜的嗎？」

珠兒含著眼淚說：「得不到的和已經失去的。」

佛說：「難道你還不明白嗎？甘露在你的生命中只是一個過客，他是被長風帶來的，也是被長風帶走的，所以他屬於長風公主；而你在寺廟生活的那段日子裡，在你網下的甘草一直默默地注視著你，愛慕著你，只是他沒有勇氣告訴你，你也從來沒有低下過你那高貴的頭顱。」

這時的珠兒早已雙眼含淚。點點頭，看著自己身邊的甘草說：「在這個世界上最值得人們去珍惜的是現在身邊所擁有的。」

人的一生只不過短短幾十載，所以古人才不由發出「花有重開日，人無再少年」的感慨。也正是因為如此，才有了岳飛《滿江紅》中的「莫等閒，白了少年頭，空悲切」的自勉之句。

珍惜光陰，把握現在，這是我們必須明白的人生道理。

09

捨

停下你匆忙的腳步，等一等你的靈魂

人們總是在工作時一心想要休息，
但真正休息下來時卻又想著工作，結果當然是兩敗俱傷，
既沒有提高工作效率，又沒能充分地休息，使自己更加愉快。
如果你也深有同感，那麼就請放慢生活的腳步。

1 累了嗎，那就停下來歇歇吧

現代人除了焦躁、孤獨、寂寞，還常常被另一種「疾病」所折磨——疲勞症候群。身邊的很多人經常抱怨說：「我實在太累了，每天最想做的事情就是睡覺。」這句話也許是正在看這本書的你的心聲。

沉重的生活壓力和快速的工作節奏，令許多人長期生活在疲勞之中，即使精神和身體發出抗議，也沒有時間和機會讓自己好好休息一下。

據醫學調查發現：疲勞不僅容易讓人產生憂慮感、自卑感，還會降低人體的免疫機能，從而罹患各種疾病。如果一個人長時間處在疲勞中，身心健康便會受到極大的影響。所以朋友們一定要注意休息。

約翰．洛克菲勒在十九歲的時候，便與人合夥做農產品轉售生意。憑藉獨到的商業眼光和無與倫比的經商頭腦，他在三十一歲時便建立了一個世界上最龐大的壟斷企業——美國標準石油公司。

從那以後，他每天的目標和任務就是賺錢和存錢，終於在五十歲前便成了世界上有財富最多的人。

擁有的巨額財富並沒有讓洛克菲勒感到幸福。儘管他每週的收入高達幾萬美金，可是一旦賠了錢，他仍然會大病一場。

一次，一批價值四萬美金的貨物途經伊利湖時，突然遭遇颶風。因為他沒有為這批貨保意外險，因此十分擔心貨物受損，連夜在辦公室裡來回踱步。

第二天一早，他見到合夥人，便焦急地喊道：「快去看看現在還來不來得及投保！」合夥人急忙奔赴保險公司洽談，費了好大勁終於辦妥了保險。

當他回來向洛克菲勒彙報時，發現洛克菲勒的心情更糟了。因為他剛剛收到電報，貨物已安全抵達，並未受損，於是洛克菲勒更生氣了，因為他們剛剛白花了一百五十美元的投保費。

接下來的幾年裡，洛克菲勒患上了消化系統疾病，毛髮開始不斷脫落，甚至連睫毛也無法倖免。他請來最權威的醫生，但是沒人能治好那些疾病。他五十三歲時，看起來就像個僵硬的木乃伊。在農莊長大的洛克菲勒原本體魄強健，可此時的他卻肩膀下垂、步履蹣跚。

這個「為錢瘋狂」的人，得不到親人的愛，得不到下屬的尊敬，得不到合夥人的同情，擁有的只有競爭對手的憎恨。

終於，到了五十七歲那一年，他的健康狀況嚴重惡化，醫生警告他，如果不想六十歲前死去，就不要再因為賺錢而緊張、憂慮和驚恐；要想緩解病情，每天只能喝優酪乳，吃幾片蘇打餅乾。

這位世界上最富有的人，一個星期能吃得下的食物卻要不了兩美元。

再不改變，就只有「死路一條」，此時的洛克菲勒終於想通了，他不再瘋狂地賺錢，開始學習園藝，打高爾夫球，與鄰居聊天、玩牌，並捐錢贊助各種醫學實驗，思考如何用錢去為他人造福。

洛克菲勒開始把他的財富散播出去，他忽然發現，「花錢」竟然比「賺錢」還要快樂，一夜睡眠比一樁買賣更寶貴。他真切地感受到了「幸福」。

就這樣，這個五十三歲時差點喪命的人，最後活到了九十八歲。

無論一架機器多麼精良，如果不按時加油保養，都有毀壞的危險；無論一塊手錶多麼精準，如果始終將發條上得太緊，錶將不會使用很久。人也是如此，如果一個人整天忙於學習和工作，勞累過度，等到支撐不住時才肯罷手，那麼他可能從此一蹶不振，再也無法恢復往日的健康。

一個人倘若贏得全世界卻輸了自己，還有什麼意義？身外之物根本不值得我們用生命去換取，人的貪欲就像無底洞，永遠都填不平。**僅有財富卻輕視生命的人生是空虛的，它會慢慢地侵蝕你的生命，讓生命一點點的透支，當你想要放下這一切的時候，卻發現自己已經被掏空了。**

有了生命才可以創造無限的財富，如果空有無限的財富卻沒有生命，你要如何消受這些財富呢？

2 無論多忙也別忘了運動，即便是伸伸懶腰也好

法國著名醫學家蒂素說：「運動的作用可以代替藥物，但是所有藥物都不能代替運動。」法國啟蒙思想家伏爾泰說：「生命在於運動」，一個人如果想實現自己的人生夢想，首先你需要讓自己擁有一個好的身體。

無論平時的工作多麼繁忙，你都應該拿出一部分的時間去運動。如果一個人說自己沒有時間和精力去運動，其實就只能歸咎一個字：那就是「懶」。無論你是否喜歡運動，都應該定時定期運動，沒有時間運動身體的人，早晚會被繁重的勞動累垮。

美國一位運動家說過：「缺乏運動才是真正的慢性自殺，它給人們造成的危害不亞於酒精和尼古丁。」達文西曾經說過：「生命在於運動。」適量的運動是保證人體正常的新陳代謝的重要因素。《呂氏春秋・盡數篇》說：「流水不腐，戶樞不蠹。形氣亦然，形不動則精不流。精不流則氣鬱。」華佗則更進一步指出：「人體欲得勞動，但不當使極身。動搖則穀氣得消，血脈流通，病不得生，當譬猶戶樞，終不朽也。」

適當的運動，人可以變得更加精力充沛、自信樂觀、朝氣蓬勃！所以，為了保證我們的健康和幸福，保持適量的運動是非常必要的。我們可以結合自己的興趣，選擇一種或幾種運動方式，並長期堅持下去，讓運動為我們的健康保駕護航。

3 停下匆忙的腳步，抬頭看看藍天白雲以及星空

上帝給了一個工作十分繁忙的人一個任務，讓他帶一隻蝸牛去散步，於是這個人帶著上帝給他的任務，牽著蝸牛散步去了。

他不能走得太快，雖然蝸牛已經盡力在往前爬，但是每次牠只能挪那麼一點點。他不停地催促牠，大聲地呵斥牠、責備牠。

蝸牛用抱歉的眼光看著他，彷彿在說：「人家已經盡了全力！」他使勁拉牠，甚至想踢牠。蝸牛受了傷，流著汗、喘著氣往前爬，但還是慢吞吞的。

這個人想：真奇怪，為什麼上帝要叫我牽一隻蝸牛去散步？這對我來說簡直就是折磨，對蝸牛來說也是煎熬，他不禁昂頭向天質問：「上

帝啊！為什麼？」

天上一片安靜，上帝沒有回答。

「好吧，鬆手吧！反正上帝已經不管了，我還管什麼？」他任由蝸牛往前爬，就跟在後面生悶氣。

突然間，他聞到了花香，才知道：哦，原來這邊有個花園。他又感到微風吹來，才知道：哦，原來夜裡的風這麼溫柔。他又聽到鳥叫，聽到蟲鳴，看到滿天的星斗亮麗多姿。

咦？以前怎麼沒有這些體會？他忽然明白他弄錯了！上帝是叫蝸牛牽他去散步啊！

人生苦短，歲月無情。人生前十年幼小，後十年衰老，中間幾十年忙於學習、奔波工作，無論是上學還是工作，更多的是出於一種身不由己的選擇，因為上學是成長的需要，工作是生計的需要，真正算來，屬於個人自由支配的時間又有多少呢？

一個自以為非常成功的年輕人來到峇里島旅遊。一天，他不小心摔破了眼鏡，不得不中斷行程，叫了一輛計程車返回旅館。

在車上，他向司機詢問修眼鏡的地方，司機告訴他，只有到印尼首都才能修好眼鏡。年輕人聞言，隨口嘆道：「這裡真是太不方便了。」司機不以為然地笑著說道：「這裡很少有患近視的人，所以並不會感到不方便。」

由於兩人聊得很投機，於是這個年輕人決定第二天包一整天的車，借到首府修眼鏡的機會順便欣賞一下沿途的風光。

司機考慮了一下，同意了年輕人的請求。第二天，他們準時八點出發，很快便到達了首府，修好眼鏡的年輕人在首府逛了一上午後覺得有些勞累，便產生了打道回府的想法。但他一想到司機可能為了接這筆生意而推掉了許多原有的計畫後，就不好意思開口說想要回去了。

在經歷過一番激烈的掙扎之後，年輕人終於下定決心向司機小心詢問道：「不好意思，司機先生，如果我現在只想包半天，不知會不會給您帶來極大的不便？」

出人意料的是，司機竟然分外高興地說：「沒有沒有，其實你昨天說要包一整天車的時候，我還猶豫不決呢，若不是因為咱倆聊得來，我一定不會接受全天包車的。」

「為什麼？」年輕人感到非常奇怪。

司機解釋：「我早就為自己設定好了一個工作目標，每天只要賺夠六百塊就收工，你用一千二百塊包一整天車，這可是我兩天的工作量，我會因此失去自己的時間。」

「那你可以明天再休息呀！」年輕人不禁說道。

司機搖搖頭說：「這可萬萬不行，如果做滿一整天然後再休息的話，慢慢就會變成做一周、然後是做一個月再休息，到最後可能就會變成一整年才能休息，甚至會導致終生不得休息了。」

年輕人聽了覺得很有道理，點點頭問道：「那閒暇的時候你都做什麼呢？那麼多空閒的時間，難道不會感到無聊嗎？」

司機哈哈大笑，回道：「怎麼會呢？好玩的事情可多了呢，一點兒都不會感到無聊，峇里島家家都有鬥雞的習慣，收工後，我就玩玩鬥雞，有時候陪孩子們一起去廣場上放放風箏，或者到海邊去打打排球、遊游泳，這些都使我的生活變得更加快樂愜意！」

年輕人聽後恍然大悟，回顧起自己的生活。自己沒日沒夜地拼命工作掙錢，卻很少好好地享受生活，天天想著賺夠錢後就休息，事實上卻是「明日復明日」，房子是越換越大，但是大到只能請傭人打掃；而且只有拼命工作，才能還上巨額的貸款，於是為了能有更多的時間專心工作，他只好住在公司，有家不歸。

然而，這樣買大房子又有什麼意義？他到底是房子的奴隸還是不停運轉的工作機器，抑或是馱著金錢的驢？

一位法國作家說過這樣一句話：「上帝把幼小的我們給了父母，把青年時的我們送給社會，把中年時的我們送給了家庭，到了老年，他終於慈悲地把我們還給了自己。」如果我們聽從上帝的安排，在年老時才能夠擁有自己的時間，那麼人生是不是未免太悲哀了呢？所以，為自己留一點閒暇時間，無疑是一種明智之舉。

4 放棄那些無謂的忙碌

現代社會，生活節奏越來越快，但每個人卻活得更加壓抑，我們每天都被工作行程牢牢地禁錮住，當我們稍微有時間放鬆一下時，電腦、遊戲等又將我們淹沒。人們通過看似忙碌的假象來掩蓋自己害怕寂寞的事實，使得我們喪失了獨立思考的時間，也讓我們無法再享受到清閒。

身為作家、投資人和地產投資顧問，愛琳在努力奮鬥了十幾年後，有一天，她坐在自己的辦公桌前，呆呆地望著寫滿密密麻麻事宜的行事曆，覺得自己再也無法忍受下去了，她作出了一個決定：她要開始摒棄那些無謂的忙碌，多給自己的心靈一點時間。

於是，她著手列出一個清單，把需要從她的生活中刪除的事情都羅列出來。然後採取了一連串「大膽」的行動。她取消了所有電話預約，她停止預訂的雜誌，並把堆積在桌上所有讀過、沒有讀過的雜誌全部清掉。她註銷了一些信用卡，以減少每個月收到的帳單信件。

她的清單總共包括八十多項內容。通過改變日常生活和工作習慣，使得她的房間和庭院的草坪變得更加整潔。

愛琳說：「我們的生活已經變得太複雜了，這些年，我們一直被誘導，使我們誤認為我們能夠擁有一切東西，我們使得自己對嘗試新產品都感到厭倦了，因為它們已經使我們失去了創造力。」

忙碌的人們該清醒一下了，仔細分析一下，就會發現很多東西可以放下，摒棄那些多餘的東西，不要讓自己迷失方向。

貪婪導致人們佔用大量的時間和精力，而這些時間和精力本來可以用在我們真正應該去做的事情上。

哲學家尼采曾說：「所有的偉大思想都是在散步中產生的。」生活中一些不起眼的行為就能讓你感到輕鬆舒適，散步就是其中最簡單也是最廉價的一種。

當面對工作的負荷再也無力應戰的時候，當遇到煩心事思緒混亂的時候，不妨給自己一個獨處的安靜環境，不妨去公園逛逛，這時你會發現：天是那麼湛藍，雲也分外潔白，這個世界真的好美麗，這時自己也會擁有一份好心情！

捨掉無謂的忙碌，時常給自己的心靈放個假，不但會使你疲憊的神經得到適時的放鬆，也會使你乏味平淡的生活得到調劑和點綴。

5上帝都可以打盹，為何我們不忙裡偷個閒

相信很多人都有這樣的經驗：當面對工作上的難題，百思不得其解時，或是被情緒的牢籠困在原地時，如果放縱自己，隨心所欲的話，反而會靈光乍現，找出解決的辦法。

一個人不懂得如何休息，那他同樣也不會懂得如何工作。對於工作生活壓力過大的人來說，學會休閒同樣十分重要。我們應該把一些時間留給自己，做自己想做的事，你可以去釣魚，也可以搞創作。最好的就是休閒中的沉思，它可以使我們的內心保持一份安寧與自由。

正如亞里斯多德所說：「萬事萬物環繞的中心只有休閒，它是產生哲學、藝術和科學的基本條件之一。」同時休閒也有助於我們舒緩壓力，在

休閒中，很多工作上的難題就會迎刃而解。

美國作家詹姆斯．道森在《假如快一些》中，寫下了這樣一個故事：

父子倆一起耕作土地。一年一次，他們會把糧食、蔬菜裝滿那老舊的牛車，運到附近的鎮上去賣。但父子二人的性格大不相同，老人認為凡事不必著急，年輕人則性子急躁、野心勃勃。

清晨，他們套上牛車，載滿了一車子的糧食、蔬菜，開始了旅程。兒子心想：他們若是走快些，當天傍晚便可到達市場，於是他用棍子不停催趕著牛，要牠走快些。

「放輕鬆點，兒子，」老人說，「這樣你會活得久一些。」

「可是我們若比別人先到市場，我們便有機會賣個好價錢。」兒子反駁。

父親不回答，只把帽子拉下來遮住雙眼，在牛車上睡著了。

年輕人很不高興，愈發催促牛車走快些。

快到中午的時候，他們來到一間小屋前面，父親醒來了，微笑著說：「這是你叔叔的家，我們進去打聲招呼。」

「可是我們已經慢了半個時辰了。」兒子著急地說。

「那麼再慢一會兒也沒關係。我弟弟跟我住得這麼近，卻很少有機會見面。」父親慢慢地回答。

兒子生氣地等待著，直到兩位老人慢慢地聊足了半個時辰才再次啟程，這次輪到老人駕牛車。走到一個岔路口，父親把牛車趕到右邊的路上。

「左邊的路近些。」兒子說。

「我曉得，」老人回答，「但這邊路的景色好多了。」

「你不在乎時間？」年輕人不耐煩地說。

「噢，我當然在乎，所以我喜歡看漂亮的風景，享受這份時間。」

蜿蜒的道路穿過美麗的草地，經過一條清澈河流。這一切，年輕人都視而不見，他心裡十分焦急，甚至沒有注意到當天的日落有多美。

他們最終沒有在傍晚趕到。黃昏時分，他們來到一個寬廣、美麗的大花園。老人呼吸芳香的氣味，聆聽小河的流水聲，把牛車停了下來。

「我們在此過夜好了。」老人說道。

「這是我最後一次跟你做伴，」兒子生氣地說，「你對看日落、聞花香比賺錢更有興趣！」

「對，這是你這麼長時間以來所說的最好聽的話。」父親微笑說。

幾分鐘後，父親開始打呼，兒子則瞪著天上的星星。長夜漫漫，兒子好久都睡不著。天不亮，兒子便搖醒父親，要求馬上動身。

大約走了一里路，遇到一個農民正在試圖把牛車從溝裡拉上來。

「我們去幫他一把。」老人說。

「你想浪費更多時間？」兒子生氣了。

「放輕鬆些，孩子，有一天你也可能掉進溝裡。我們要幫助有所需要的人，不要忘了。」

兒子生氣地扭頭看著一邊。等到另一輛牛車回到路上時，已是天大亮了。突然，天上閃出一道強光接下來似乎是打雷的聲音。群山後面的天空變得一片黑暗。

「看來城裡在下大雨。」老人說。

「我們若是趕快些，現在大概已把貨賣完了。」兒子大發牢騷。

「放輕鬆些……這樣你會活得更久，你會更享受人生。」仁慈的老人勸告道。

到了下午，他們才走到俯視城鎮的山上。站在那裡，看了好長一段時間。兩人都不發一言。

終於，年輕人把手搭在老人肩膀上說：「爸，我明白您的意思了。」他把牛車掉頭，離開了那從前叫作廣島的地方。

我們總是被一個又一個的目標逼迫得忙著趕路，工作緊張，生活也緊張，但當我們回首的時候，會發現我們錯過了太多的美好。

在這個快節奏的時代，我們的腦海裡都有個「緊箍咒」，每天都念著：「加油，再努力一點。」可是我們在為了生活疲於奔命的時候，是否問過自己有沒有真正「生活」過一天？

約翰．藍儂說過：「當我們正在為生活疲於奔命的時候，生活已離我們而去。」經濟的發展並沒有帶來幸福，反而我們的幸福感在一點點流失。

幸福，不是一味地奔跑。幸福，需要一顆糖果，需要一杯茶，也需要一杯酒。養幾盆花，像照顧孩子似的照顧它，看著它開了花，發了新枝，你會感到很快樂。沒事的時候練練字，不要讓電腦前的敲敲打打代替筆下的洋洋灑灑。叫上好友去洗個三溫暖，邊洗邊聊也很享受；無聊時，聽著優美的音樂，賞著美文，也是美的享受。

6休息，是為了走更長遠的路

在瑞士，休息是每個人最重要的權利，而幾乎人人都把「會休息的人才會工作」這句話當做是生活中的至理名言。百年的和平環境，使得瑞士人早已不用再為了創造財富而終日忙忙碌碌，雖然人們仍然勤奮工作，但是相較之下，他們更加追求休息的權利。

那麼，他們休息的時候都會去哪裡呢？

一位瑞士人回答，一般情況下，下班後就直接回家，吃完飯，讀讀書看看電視，然後便一覺睡到天亮，但是到了週末，他們一定會出門散散步或是鍛煉鍛煉身體。

對瑞士人來說，如何安排每年的休假可謂是他們的頭等大事，大多數人常常在前一年就開始著手準備計畫安排了。而且他們一般都不會太顧及手頭上的工作進展，該休假時就一定會休假，即使老闆給再多的加班費也無濟於事，在度假面前，天大的事都得延期再辦。

工作時專心努力，休息時就充分享受，懂得工作也要懂得休息。如果天天只知埋頭於工作，雖然表面上看起來工作時間加長了，但實際上工作效率卻並沒有得到提高，反而更容易釀成疾病。

工作永遠都沒有盡頭，但生命卻是脆弱而短暫的。只有懂得享受生活，維持健康，才能夠繼續賺大錢，進而更好地體驗生活的本質。

一位大客戶親自上門拜訪傑克遜先生，他的助理卻告訴他說：「十分抱歉，我們經理現在正在馬來西亞度假，要不您五天之後再來吧！」

「什麼！五天？他竟然丟下這麼大一筆生意去度假！」

客戶的雙眼瞪得如兩隻銅鈴一般，彷彿質問自己的下屬一樣驚訝地道。

「是的，先生。而且經理度假前特別交代，無論發生什麼事，都不要在這五天當中去打擾他！」助理恭敬地回答。

「那麼，我可以給他打電話嗎？」客戶不死心地追問道，「我絕不說公事！」

助理猶豫再三，最終答應客戶的請求。

當傑克遜一接通電話，客戶就在這邊大叫起來：「你每小時的工作可以賺四十美元，你現在一下子休息五天，你算算，一天工作八個小時，這樣一個月就少賺一千六百美元，一年就少賺十二個一千六百美元，老兄，你這樣做值得嗎？」

傑克遜先生在電話裡懶洋洋地回答道：「如果我一個月多工作五天的話，雖然我能夠多賺一千六百美元，但是我的壽命卻將因此而減少四年，這樣算來，損失就是四十八個一千六百美元，你覺得到底哪個更值得呢？」

客戶聞言一時語塞。

當工作和生活發生衝突，引起矛盾時，你會怎麼辦呢？傑克遜果斷地選擇了休息，投身於大自然的美景當中，享受生活的無限樂趣。這樣的選擇無疑更加有利於工作，推動事業的發展。

如果像一隻陀螺，不停地轉動，連自己都不清楚自己該做些什麼，總是在毫無意義的忙碌著。不如花時間思考，如何事半功倍，將工作完成得更好更出色。

邱吉爾是英國歷史上最偉大的首相之一，在任英國首相期間，其責任重大、工作繁忙可想而知，但他對休息非常重視。

第二次世界大戰期間，邱吉爾已經是七十歲高齡，仍然日理萬機，但他總是精力充沛，充滿熱情地去工作，絲毫沒有流露出疲倦的神色。這主要得益於他十分注意休息，在工作之餘能抓住空閒的點滴時間，及時地放鬆自己。

他每天都要午睡一個小時，晚上八點吃飯前也要睡兩個小時，即使乘車他也會閉目養神，休息一下。

邱吉爾還有個習慣，一天中無論什麼時候，只要一停止工作，就泡進熱騰騰的浴缸中泡澡，以放鬆自己。

由於能夠保持良好的精力，邱吉爾在任職英國首相期間，取得了輝煌的政績。

有人曾問他精力充沛、身體健康的秘訣，邱吉爾說：「我的秘訣是當我卸下制服時，也就把責任一起卸下了。」

工作和休閒都是生活中不可或缺的一部分，因此，要兼顧休閒和工作，同時也要做到合理分配。漫漫人生路，只有真正懂得享受生活的人，才不枉在這世上走過一回。首先，要保證自己擁有健康的身體以及充沛的精神去應對一切紛繁複雜的事情；還要注重飲食健康，講究營養均衡，不要養成抽菸喝酒的壞習慣。其次要保持心態的健康和穩定，名利欲望、急於求成、消極悲觀或者滿腹嘮叨等，都不利於緩解緊張和疲勞。所以，下班後首先要做的就是拋開一切煩惱和壓力，讓身心回歸安定的狀態。

請放慢生活的腳步，學會放鬆身心，懂得適時休息。

7 拒絕不必要的應酬，吃出健康

健康是一種生活方式，從每天的飲食開始。

隨著生活節奏的加快，晚餐幾乎成為上班族們一天中唯一的正餐。早餐擔心時間，午餐心繫工作，只有到了晚上，人們才能夠真正地放鬆下來，安安穩穩地坐在餐桌前，心滿意足地大吃一頓。

但這其實有悖於養生之道。那麼，晚餐應該怎麼吃才會更健康呢？

首先，晚餐要適量，吃多少點多少。特別要注意的是，肉類不要過量，過量會導致人體呈現酸性體質，易產生疲勞之感；而且過多的蛋白質只能依靠腎臟排泄出去，在無形中又增添其負擔。特別是對於高血壓患者來說，其腎臟功能早已受到損害，如果再加重腎臟負擔，無疑是雪上加霜，加重病情。

其次，要適當增加豆製品和魚類的攝入。因為豆製品可以降脂，而魚肉中富含的不飽和脂肪酸同樣可以起到降脂的作用。

再次，注意營養均衡，做到不挑食、不偏食，吃飯時一定要細嚼慢嚥，且盡可能多吃蔬菜，這樣即使攝入過多的肉類，增加的蛋白質也會隨蔬菜中的膳食纖維一起排出體外。

最應該強調的是，雖然在應酬中喝酒是不可避免的，但為了自己的健康著想，喝酒一定要限量。喝一點點酒，尤其是紅酒，有利於消化以及促進胃液分泌和血液循環，但是酒桌上勸酒、嗜酒和醉酒等行為，都有害身體健康。

此外，最好在酒後吃一點米飯，因為米飯在胃裡可以稀釋酒精濃度，從而不易引發嘔吐現象。還可以在飯後半小時吃點水果，但最好不要飲茶，因為茶中存在一種鞣酸的物質，有礙人體吸收食物中的鈣、鐵元素。

對於那些沒有應酬，在家吃晚餐的人來說，只有一件事值得注意，那就是晚餐要早吃。

有關研究結果表明，晚餐早吃有助於降低尿路結石病的發病率。因為晚餐的食物裡富含大量的鈣質，在新陳代謝的過程中，一小部分的鈣被小腸吸收利用了，而剩下一部分的鈣則通過腎小球的過濾進入泌尿道然後排出體外。

一般情況下，人體內的排鈣高峰是在餐後四到五小時內，如果過晚食用晚餐的話，當你已經入睡後，排鈣高峰期才會到來，此時尿液便會存留在尿路系統如輸尿管、膀胱、尿道中，不能被及時排出，這樣尿中的鈣量就會不斷增加，從而極易沉積下來形成小晶體，時間一長，就會逐漸擴大為結石。

另外，晚餐的菜式一定要偏素，最好以富含碳水化合物的食物為主，而且應該多吃一些新鮮的蔬菜，少吃富含蛋白質、脂肪類的食物。

由於大多數家庭晚餐都比較豐盛，這卻有害於身體健康。如果蛋白質攝入過多，人體無法全部吸收的話，過剩的蛋白質就會存留在腸道中，慢慢就會變質產生有毒物質，進而刺激腸壁誘發癌症。而如果脂肪攝入過多的話，則會導致體內血脂的升高。

大量的臨床醫學研究證明，與晚餐經常吃素的人相比，經常吃葷食的人，體內血脂會多出三到四倍。

相較於早餐和午餐，晚餐應該少吃。一般要求晚餐所供給的熱量不宜超過全天總熱量的百分之三十。如果在晚餐攝入過多熱量，容易引起體內血脂膽固醇增高，久而久之就會造成動脈硬化和心腦血管疾病的爆發。

如果晚餐吃得過飽，就會導致血液中糖、氨基酸、脂肪酸等濃度的增高，而人們在晚餐後活動量往往較小，熱量消耗也就較少，在胰島素的作用下，上述物質就會轉變為脂肪，最終導致肥胖。

10

總要低下頭，才能看到自己喜歡的樣子

自恃孤傲會引來殺身之禍，逞能的結局是自找死路。聰明、智慧、有內涵的人無論何時，通常都會表現得很謙卑

1 花開半夏酒要微醺，聰明也要適可而止

君子之心事，天青日白，不可使人不知；君子之才華，玉韞珠藏，不可使人易知。

君子的內心像青天白日一般明朗，光明正大，沒有一絲一毫的陰影與黑暗。但他的才華和能力卻應該像珠玉一樣深深地藏起來，不可輕易向世人炫耀。

三國時期，楊修在曹操手下任主簿。

起初曹操很重用他，楊修卻不時愛耍小聰明。

有一次，有人送給曹操一盒乳酪，曹操吃了一些，在蓋上寫了一個

「合」字。大家都弄不懂這是什麼意思，楊修見了，就拿起勺子和大家分吃，並說：「這『合』字是叫人各吃一口啊，有什麼可懷疑的！」

還有一次，建造相府，才造好大門的構架，曹操來察看了一下，沒說話，只在門上寫了一個「活」字就走了。

楊修一見，就令工人把門造窄。

別人問為什麼，他說門中加個「活」字，不是「闊」嗎，丞相是嫌門太大了。

曹操經常試探曹丕、曹植的才幹，每每拿軍國大事來徵詢他們的意見，楊修就替曹植寫了十多條答案，曹操一有問題，曹植就根據條文來回答。

因為楊修是相府主簿，深知軍國內情，曹植按他寫的答案當然事事中的，曹操心中難免產生懷疑。

後來，曹丕買通曹植的隨從，把楊修寫的答案呈送給曹操，曹操氣得兩眼冒火，憤憤地說：「匹夫安敢欺我耶！」

又有一次，曹操讓曹丕、曹植出鄴城的城門，卻暗地裡告訴門官不要放他們出去。曹丕第一個碰了釘子，只好乖乖回去。

曹植聞知後，又向他的智囊楊修問計，楊修告訴他：「你是奉魏王之命出城的，誰敢攔阻，殺掉就行了。」曹植領計而去，果然殺了門官，走出城去。

曹操知道後，愈加氣惱，於是開始找藉口準備除掉這不知趣的傢伙。

建安廿四年（西元二一九年），劉備進軍定軍山，他的大將黃忠殺死了曹操的愛將夏侯淵，曹操親自率軍到漢中來和劉備決戰，但戰事不利，要前進害怕劉備，要撤退又怕被人恥笑。

一天晚上，護軍來請示夜間的口令，曹操正在喝雞湯，就順口說：「雞肋。」楊修聽到後，便又耍起小聰明來，居然不等上級命令，只管叫隨從軍士收拾行裝，準備撤退。

他說：「魏王傳下的口令是『雞肋』，雞肋這玩意兒，棄之可惜，食之無味，正和我們現在的處境一樣，進不能勝，退恐人笑，久駐無益，不如早歸。」

曹操一聽，大怒道：「匹夫怎敢造謠亂我軍心！」於是喝令刀斧手將楊修推出去斬首，並把首級懸掛在轅門外，以為不聽軍令者戒。

試想兩軍對壘，是何等重大之事，怎麼能根據一句口令就賣弄自己的小聰明，隨便行動呢？這足以說明楊修其人是何等恃才傲物，我行我素，絲毫不考慮事情的後果。

每個人都有表現自己的欲望，特別是當別人並沒有發現自己的長處時，那種欲望會愈發強烈，但「表現」和優秀有時並不成正比，決定優秀的是成績，不是表現；過分表現有時會引起他人的不滿、妒忌。更可怕的是，當出風頭成為一種習慣，人們就會忘乎所以，在各種場合顯擺自己，炫耀自己，這種行為帶來的不是他人的肯定，只是暴露出自己的膚淺。

2 冷靜冷靜，小心成為別人捧殺的對象

當一個人獲得某種榮耀的時候，尤其是那種經過自己的不斷努力才好不容易獲得的榮耀，高興的心情自然不用多描述了。但是當我們手捧鮮花，聽著別人的溢美之詞的時候，一定要控制住自己高興的情緒，不能得意忘形了。

要知道那些榮耀都是別人給的，不是有句話說「水能載舟，亦能覆舟」嗎？如果你不能冷靜地對待，一味地在那兒耀武揚威，最後的下場可想而知。

有這樣一個寓言故事：

一隻貓在主人為牠準備好的食物面前美美地飽餐了一頓，顧不上鼻子還沾著奶油，就伸了個懶腰，呼呼睡著了。

這時，一隻餓腸轆轆的老鼠嗅到了奶油的香味，因為實在是太餓了，以致沒看清這是自己的天敵，居然莽撞地張嘴就咬。

「哎喲！」

一聲慘叫，被疼痛驚醒的貓一時沒弄清是怎麼回事，還以為是主人看自己在睡懶覺而教訓自己呢，叫了一聲就逃之夭夭了。消息傳開，這位莽撞的老鼠在整個鼠國很快就家喻戶曉，被同伴們視為勇士，成了鼠類的驕傲。

「您為我們出了一口氣，以前只有我們見貓便逃，今天竟然是貓逃走了。這在我們鼠類歷史上還是第一次，您將永垂史冊。」

從此，無論這位鼠英雄走到哪裡，哪裡都有鮮花和歡呼圍繞，還有漂亮的鼠小姐對牠頻送秋波，脈脈含情。就這樣，這位英雄也慢慢相信自己真的是貓的剋星，不知不覺變得趾高氣昂起來。

誰知沒過多長時間，這隻鼠勇士又碰上了那隻倒楣的貓，牠暗自高興，這次又可以大顯身手了，再給貓一個重創；可是牠怎麼也沒料到，自己哪裡是貓的對手！這次貓看到牠不僅沒有逃走，而且主動進攻，要不是牠逃的快，連命都沒了，但是牠的尾巴還是被咬掉了半截，身體也受了傷。

消息不脛而走，又轟動了整個鼠國。這回大家卻不是用鮮花和歡呼迎接牠，取而代之的是鋪天蓋地的嘲笑：「懦夫！小丑！真是丟臉！」往日的英雄再沒有人理睬，別說老鼠姑娘們的青睞，就是走路也得藏著半截尾巴，低著腦袋啦。

每個人都喜歡聽讚美的聲音，讚美不但能讓人心情愉悅，還能夠使人發現自己的優點，變得自信而上進。不過，讚美也分為很多種，有一種讚美是糖衣炮彈，會讓你清醒的意識變得麻木，讓你再也看不清楚真實的自己，讓你變得自高自大。它會把你捧到一個很高的位置，然後突然消失，這時摔了跟頭的你才發現，原來自己根本沒有那麼優秀，那麼有實力。

這種讚美又叫做吹捧，多數情況下，它可能只是旁人的一種客套，有的時候它不懷好意，目的就在於麻痹你，摧毀你。

愛聽人吹捧是一個危險的信號，一個人一旦習慣了吹捧，就再也聽不進刺耳卻對自己有益的批評了，他會主動遠離那些正直的人，與習慣於溜鬚拍馬的小人為伍，在他們動人的言詞中尋找自己的價值，肯定自己的功績。然而這些小人只是勢利之輩，他們靠著一張嘴混飯吃，不是真正的關心你，更不會在你困難的時候幫助你，只會落井下石。

歐洲有位著名的女高音，三十歲便享譽全球，而且有了美滿的家庭。有一年，她到鄰國開一場個人演唱會，這場音樂會的門票早在一年前就已經被搶購一空。

表演結束後，歌唱家和她的丈夫、兒子從劇場裡走了出來，只見堵在門口的歌迷們一下子全湧了上來，將他們團團圍住。每個人都熱烈地呼喊著歌唱家的名字，其中不乏讚美與羨慕的話。

有人恭維她年紀輕輕便進入國家級的歌劇院，成為劇院裡最重要的演員；還有人恭維說她有個腰纏萬貫的大公司老闆做丈夫，又生了這麼一個活潑可愛的小男孩……當人們議論的時候，歌唱家只是安靜地聆聽，沒有任何回應與解答。

直到人們把話說完後，她才緩緩地開口說：「首先，我要謝謝大家對我和我家人的讚美，我很開心能夠與你們分享快樂。只是，我必須坦白告訴大家，其實，你們只看到我們風光的一面，我還有另外一些不為人知的地方。那就是，你們所誇獎的這個充滿笑容的男孩，很不幸的，是個不會說話的啞巴；此外，他還有一個姐姐，是個需要長年關在鐵窗裡的精神分裂症患者。」

歌唱家勇敢地說出這一席話，當場讓所有人震驚得說不出話來，大家你看看我，我看看你，似乎難以接受這個事實。

我們不能不為這位歌唱家的理智和清醒喝彩！有多少人曾經在一片讚揚聲中，迷失了自己，最終導致失敗。

一個人倘若希望自己有更大的發展，首先要警惕那些諂媚的笑臉與奉承的聲音，它們會在無形中消磨你的雄心和意志。那麼，如何判斷別人對你的評價是讚美還是吹捧，這完全取決於你對自己的認識。只要保持客觀的心態，便能夠很清楚地區分哪些人言之有據，哪些人言過其實。

3不偏激，以感激之情接受批評

一個人的智慧是有限的，一個人對事物的認識也會有局限性，只有不斷地從他人的批評中吸取合理有益的成分，來彌補自己的不足，才能減少失誤，取得成績。所以，善於傾聽別人的意見是每一個有志成功的人必須具備的品格。

安妮塔是著名的「美體小鋪」創始人。她極善於人際溝通，提倡引導員工發揮各自的意見，而不是強迫員工服從她的意志。

安妮塔的公司有統一的服飾，包括帽子、制服等。一次，安妮塔巡視車間時，一位工人問她：「既然每道工序自動化，我們甚至連產品都看不見，為什麼還要戴那頂愚蠢的帽子？難道我們的頭皮屑會穿透鐵皮瓶壁，掉到產品裡去？」

安妮塔立即意識到員工討厭戴這帽子，卻因為公司制度而不得不戴。她馬上說：「那麼你明天上班時，把所有的帽子都藏起來。」

這位員工驚愕得目瞪口呆，莫非她是在開玩笑。

安妮塔說：「我不是開玩笑。如果你不想戴帽子，就不要戴！不過，要開開心心地不戴。」

還有一次，安妮塔走進一家分公司直營店，看見幾位年輕女店員穿著皺巴巴的襯衫，心裡頓感不快。作為一家生產和出售美容品的公司，員工形象是非常重要的。

她問其中一位女孩：「為什麼你們要把自己弄得像做苦力的？要知道，店員的形象就是整個公司的形象。」

女孩沒好氣地說：「你以為我們都像你一樣有洗衣機和燙熨台？」

安妮塔對女孩不禮貌的回答大為不滿。她瞪了女孩一眼，一言不發地上了樓上的辦公室。

但是，她靜下心來一想，覺得這位女店員心裡有怨氣，是完全可以理解的：作為女孩子，誰不愛美？她們沒有讓自己更整潔的條件，公司卻對她們提出這樣的要求，真是強人所難！於是安妮塔向每家連鎖店發出通告，要求在員工更衣室配置洗衣機、熨斗和熨衣台。

一個月後，安妮塔專程上這家直營店，向那位說話嗆人的女孩表示感謝，稱讚她為公司提了一條合理化建議。那位女孩感動地哭了。

由於安妮塔樂於傾聽反對意見，所以她隨時能從員工那裡得到好的建議，或者發現公司存在的問題並加以改進。她這種從善如流的作風還融洽了她跟員工之間的關係，整個公司一片祥和，員工充滿了工作熱情。在短短二十年間，「美體小鋪」已在全球四十五個國家擁有一千家分店。安妮塔本人也成為「化妝品女王」。

仔細想想，能讓你長久記住的，恰恰是那些真正批評過你的人，因為他們是真心地對你好，真心地想幫助你。所以，當別人批評你時，你應該為此而高興，因為他無償告訴了你現在正處於什麼樣的位置，你應該怎麼做才能更好，對於這樣一個收穫，你難道不應該向批評你的人表示感謝嗎？

當有人向你提出不同的意見或是反駁你時，你不妨以謙虛誠懇的態度多聽他們的意見和建議，這樣可能會出現與你一意孤行時截然不同的效果。

4 爭論不是辯論賽，你又何必唇槍舌劍

每個人都有發表意見的權利，爭論就不可避免。然而，與別人發生無謂的爭論，不僅傷害彼此之間的感情，也會破壞自己的形象。

在一個為歡迎羅斯爵士而舉辦的宴會上，大家談笑風生，氣氛非常融洽。期間，坐在卡內基旁邊的一位先生講了一個有趣的故事。而在這個故事中，他提到了一句話：「無論我們如何粗俗，有一個神，就是我們的目的。」然後非常自信地說：「這句話出自《聖經》。」

卡內基立刻發現到他說錯了，因為他十分肯定這句話是出自莎士比亞的一篇文章。於是卡內基指出了他的錯誤。

但這位先生不僅沒有意識到自己的錯誤，還一直堅持己見，並對卡內基說：「不可能！這句話不可能出自莎士比亞的一篇文章，它分明就出自《聖經》。年輕人，是你記錯了吧。」

令卡內基懊惱的是，卡內基雖然知道自己所說的是正確的，但是卻拿不出任何證據來。看著對方死不認錯的樣子，卡內基簡直氣壞了，恨不得拿一盆涼水潑到對方的頭上。

這時候，貝琳達夫人剛好走過來，貝琳達夫人曾經潛心研究過莎士比亞，於是卡內基請貝琳達夫人來做個評判。

貝琳達夫人坐到卡內基旁邊，在桌子底下用腳輕輕地碰了碰卡內基，然後對大家說：「戴爾，是你記錯了，這句話不是出自莎士比亞的文章，而是出自《聖經》。」隨後，大家滿意地舉起酒杯慶祝這場辯論會的結束。

當晚宴結束的時候，卡內基略帶氣憤地對貝琳達夫人說：「你知道這句話分明出自莎士比亞的文章，為什麼你要說我錯了呢？」

貝琳達夫人微笑著說：「不錯，這句話的確出自《哈姆雷特》第五幕第二場。但是對方只是一個客人，為什麼要指出對方的錯誤，難道這樣做對方就會喜歡你嗎？我們應該保住對方的面子。記住，與人交往要避免正面衝突。」

從這件事情，卡內基認識到了自己的錯誤，並且逐漸地改變了自己。富蘭克林就曾經說過這樣一句話：「如果你辯論、爭強、反對，或許你有時候會獲得勝利，但是這種勝利是非常空洞的，更重要的是你會失去對方的好感。」

與人做無謂的爭辯不能給自己帶來任何好處。因為即使你說的是正確的，也很難改變對方的想法，而且招人厭惡；但當你保持沉默、避免和對方發生衝突時，對方反而能夠冷靜地傾聽你的意見，進而達到良好溝通的目的。所以，一定要記住避免與人做無謂的爭論。因為這除了給你帶來更多消極的影響外，不會有任何積極意義。

5看破別說破，誰會喜歡傷疤被揭開

心理學家發現，人們總是會在發現和糾正別人的錯誤中獲得身心的愉悅，他們渴望力所能及地改變別人的錯誤，卻往往忽略了一點：幾乎每一個人都不喜歡別人對自己的行為決策指指點點，都不願意被人發現並指出自己的錯誤和缺陷。

在英國經濟大蕭條時期，十八歲的凱麗好不容易才找到在高級珠寶店當售貨員的工作。

耶誕節前夕，店裡來了一位三十多歲的客人，他衣衫破舊，滿臉憂愁，用一種羡慕而不可及的目光盯著店裡那些高級首飾。

在凱麗去接電話的時候，不小心把一個碟子碰倒，頓時六枚價值不菲的鑽戒落到地上。她急忙彎腰撿起其中的五枚，但第六枚卻不見蹤影。

當凱麗抬起頭時，她看到那個三十多歲的男子正向門口走去，頓時她意識到戒指被他拿去了。就在男子的手貼近門柄時，凱麗柔聲叫道：「對不起，先生！」

那男子聽了凱麗的叫聲後，轉過身來，兩人相視無言，沉默有幾十秒之久。

「什麼事？」男人臉上的肌肉在顫抖。

凱麗神色憂傷地說：「先生，這是我的第一份工作，現在找個工作很難，想必您也深有體會，是不是？」

那名男子深思片刻，終於一絲微笑浮現在他臉上。接著說：「是的，的確如此。不過我敢肯定，你在這裡會做得不錯。我可以為您祝福嗎？」說完，男子向前一步，把手伸向女孩。

「謝謝您的祝福。」凱麗也伸出手，兩雙手緊緊握在一起，用很柔和的聲音說：「我也祝您好運！」

凱麗看著男子的身影消失在門外，轉身走到櫃檯，把手中握著的第六枚戒指放回了原處。

真正傷害心靈的不是刀子，而是比刀子更厲害的東西——惡語。俗話說：「良言一句三冬暖，惡語傷人六月寒。」因嘴巴一時快活招來別人的反感，給自己帶來災難的例子不勝枚舉。所以，我們為人處世要明白「看破不說破」的道理。

英國王室有一次準備舉辦一個大型的宴會招待來自印度各地區的首領，一向以穩重聰明著稱的溫莎公爵奉命接受了主持宴會工作的任務。他深知女王陛下對這次宴會的重視，也明白這場宴會的政治意義，所以非常注重把握每一個細節，儘量讓這個宴會完美無缺。

在溫莎公爵的精心安排下，宴會進行得非常順利，賓主盡歡。

在宴會即將結束的時候，細心的溫莎公爵還特意命人打來洗手水，不過面對那些用銀器精心打造的洗臉盆，印度首領們卻誤解了主人的意思，他們以為這是主人給的茶，結果大家都毫不猶豫地端起臉盆，盡情享用起來。

宴會上的英國皇家貴族對這一幕目瞪口呆，他們萬萬沒有想到對方會產生這樣的誤解。可是在這樣的場合下，如果直接提醒對方這是洗手水，那麼無疑會極大地傷害客人的自尊心，弄不好還會引起政治爭端；但是如果任由對方喝掉，又感覺像是一種欺騙和侮辱，終究顯得不太得體。

就在大家無所適從的時候，溫莎公爵微笑著端起臉盆一飲而盡，貴族們也紛紛效仿，一場尷尬瞬間消於無形，溫莎公爵過人的智慧和高超的交際手段也博得眾人的一致讚賞。

如果你可以適時地為陷入尷尬境地、丟了面子的人提供一個恰當的

「臺階」，讓他挽回面子，你將立刻獲得別人的好感，為自己樹立良好的形象。

人際交往就是這樣，你對別人伶牙俐齒，別人勢必對你以牙還牙；你以揭別人傷疤為樂，別人肯定加倍為你製造痛苦。只有給別人留足「面子」，多給別人「臺階」下，別人才會為你「搭台」。

6 風度和教養是你的第一張名片

這是發生在美國紐約曼哈頓的真實故事。

一天，一位四十多歲的中年女人領著一個小男孩走進美國著名企業「巨象集團」總部大廈樓下的花園，在一張長椅上坐下來。她不停地在跟男孩說著什麼，似乎很生氣的樣子。不遠處，有一位頭髮花白的老人正在修剪灌木。

忽然，中年女人從隨身皮包裡拿出一團白花花的紙巾，一甩手將它拋到老人剛修剪過的灌木上面。老人詫異地轉過頭朝中年女人看了一眼，中年女人滿不在乎地看著他。老人什麼話也沒有說，走過去拿起那團紙巾，把它扔進了一旁裝垃圾的筐子裡。

過了一會兒，中年女人又拉出一團紙巾扔了過來。老人再次走過去把那團紙巾拾起來扔到筐子裡，然後回到原處繼續工作。可是，老人剛拿起剪刀，第三團紙巾又落在了他眼前的灌木上……就這樣，老人一連撿了那中年女人扔過來的六七團紙，但他始終沒有因此露出不滿和厭煩的神色。

「你看見了吧！」中年女人指著老人對男孩大聲說道：「我希望你明白，你如果現在不好好上學，將來就跟他一樣沒出息，只能做這些卑微低賤的工作！」

老人聽見後，放下剪刀走過去，和顏悅色地對中年女人說：「夫人，這裡是集團的私人花園，按規定只有集團員工才能進來。」

「那當然，我是『巨象集團』旗下某家公司的部門經理，就在這座大廈裡工作！」中年女人高傲地說道，同時掏出一張證件朝老人晃了晃。

「我能借你的手機用一下嗎？」老人沉默了一會兒說。

中年女人極不情願地把手機遞給老人，同時不失時機地開導兒子：「你看這些窮人，這麼大年紀了，連手機也買不起。你今後一定要努力啊！」

老人打完電話後，把手機還給婦人。很快一名男子匆匆走過來，恭敬地站在老人面前。

老人對來人說：「我現在要免去這位女士在『巨象集團』的職務！」

「是，我立刻按您的指示去辦！」那人連聲應道。

老人吩咐完後，徑直朝小男孩走去，伸手撫摸了一下男孩的頭，意味深長地說：「我希望你明白，在這世界上最重要的是要學會尊重每一個人。」說完，緩緩而去。

中年女人被眼前驟然發生的事情驚呆了。她認識那個男子，他是集團主管人事的職員。

「你……你怎麼會對這個老園工那麼尊敬呢？」她大惑不解地問。

「你說什麼？老園工？他是集團總裁詹姆斯先生！」

中年女人一下子癱坐在長椅上。

這個故事說明只有真正學會尊重他人、尊重身邊的每一個人，才能得到他人的尊重。

哲學家威廉・詹姆士說過：「潛藏在人們內心深處的最深層次的動力，是想被人承認、想受人尊重的欲望。」渴望受人喜愛、受人尊敬、受人崇拜，這是人類天生的本性，但是，有取必有予，我們希望獲得些什麼，也就必須首先付出些什麼。我們希望獲得別人的尊重，我們就要學會尊重他人。

英國著名教育家斯賓塞說：「野蠻產生野蠻，仁愛產生仁愛。」尊重，是人際關係的起點。不尊重他人，他人也不會尊重你，也不可能信任你，這樣你就會失去許多朋友的支持。

古人云：「尊人者，人尊之。」只有尊重對方，對方才會尊重你。在互相尊重的氣氛下，交往才能順利進行。所以，人與人之間的交往，都應建立在真誠與尊重的基礎上。

7 自負不是自信，夜郎不是你的標籤

我們常用「夜郎自大」來形容那些見識淺薄，自大驕傲的人，在現實生活中，「夜郎」這樣孤陋寡聞卻又妄自尊大的人仍然隨處可見。

自信很重要，但自信過頭的自負卻很可悲。因為它會迷惑你的雙眼，

擾亂你的行為，所以任何時候都不要掉以輕心，它會讓你輕則丟人現眼，重則一敗塗地。

國王的御櫥裡有兩只罐子，一只是陶的，另一只是鐵的。鐵罐瞧不起陶罐，常常奚落它。

「你敢碰我嗎，陶罐子？」鐵罐傲慢地問。

「不敢，鐵罐兄弟。」謙虛的陶罐回答說。

「我就知道你不敢，懦弱的東西！」鐵罐現出更加輕蔑的神氣。

「我確實不敢碰你，但這不能叫作懦弱。」陶罐爭辯說，「我們的任務是盛東西，而不是互相碰撞。在完成工作方面，我不見得比你差，再說……」

「住嘴！」鐵罐憤怒地說，「你怎麼敢和我相提並論！你等著吧，要不了幾天，你就會破成碎片，我卻永遠在這裡，什麼也不怕。」

「何必這樣呢。」陶罐說，「我們還是和睦相處的好，吵什麼呢！」

「和你在一起我感到恥辱，你算什麼東西！」鐵罐厭惡地說，「走著瞧吧，總有一天，我要把你碰成碎片！」

時間過去了，世界上發生了許多事情，王朝覆滅了，宮殿倒塌了，兩只罐子被遺落在荒涼的場地上。歷史在它們的上面積滿了渣滓和塵土，一個世紀連著一個世紀。

許多年以後的一天，人們來到這裡，掘開厚厚的堆積，發現了那只陶罐。

「喲，這裡頭有一只罐子！」一個人驚訝地說。

「真的，一只陶罐！」其他人高興地叫了起來。

大家把陶罐捧起，把它身上的泥土刷掉，擦洗乾淨，和當年一樣，樸素，美觀，毫光可鑒。

「多美的陶罐！」一個人說，「小心點，千萬別把它弄破了，這是古代的東西，很有價值的。」

「謝謝你們！」陶罐興奮地說：「我的兄弟鐵罐就在我的旁邊，請你們把它挖出來吧，它一定悶壞了。」

人們立即動手，翻來覆去，把土都掘遍了。但是一點鐵罐的影子也沒有。它已經完全氧化，早就無蹤無影了。

一位設計師到一家著名的廣告公司面試。

設計師在業界有不小的名氣，廣告公司的總裁親自面試。在面試過程中，設計師大談他的設計理念，又把自己任職的公司批評得一文不值。總裁不自然地皺了皺眉頭，請他談談對電視上正在播出的幾個廣告的看法。

設計師毫不客氣地將這些廣告數落一通，總裁說：「您說的這個廣告，正是我們公司的作品。」

設計師有些尷尬，但還嘴硬說：「每個公司都有失敗的作品，這不足為奇。」

總裁說：「這個廣告是我們公司播放率最廣的廣告，我想您的見解與我們公司的設計方向有很大背離，可能不適合來我們公司工作。」拒絕了他的面試。

有些人的確天生具有優勢，他們可以輕易地就得到成功，如果他們不能收斂自己的行為，一味沉迷在自己的能力中看不起他人，貶低他人，很容易就會引起周圍人的反感，甚至會引起他人的聯合排擠。

古語說：「行高於人，眾必非之。」時時表現自己的聰明，結果就是走到哪兒都有人討厭，走到哪兒都不受歡迎。我們不能簡單地將這種情況歸因於旁人的忌妒，優秀的人那麼多，為什麼只有你遭人忌妒？

人無完人，誰也不是全才，就算你在某一方面很突出，在其他方面你總有不如人的地方，而這些地方恰恰是別人的優點。你沒有那麼好，別人也沒有那麼差，看清這個事實，你才能更虛心地向他人學習，彌補自己的不足，有朝一日展現真正的實力。

悅享極簡生活：怦然心動的人生整理魔法

作者：韋甜甜
發行人：陳曉林
出版所：風雲時代出版股份有限公司
地址：10576台北市民生東路五段178號7樓之3
電話：(02) 2756-0949
傳真：(02) 2765-3799
執行主編：朱墨菲
美術設計：吳宗潔
行銷企劃：邱琮傑、張慧卿、林安莉
業務總監：張瑋鳳

初版日期：2017年10月
版權授權：馬鐵
ISBN ：978-986-352-502-8
風雲書網：http://www.eastbooks.com.tw
官方部落格：http://eastbooks.pixnet.net/blog
Facebook：http://www.facebook.com/h7560949
E-mail：h7560949@ms15.hinet.net
劃撥帳號：12043291
戶名：風雲時代出版股份有限公司

風雲發行所：33373桃園市龜山區公西村2鄰復興街304巷96號
電話：(03) 318-1378
傳真：(03) 318-1378
法律顧問：永然法律事務所 李永然律師
北辰著作權事務所 蕭雄淋律師

行政院新聞局局版台業字第3595號 營利事業統一編號22759935

定價 ：280元

國家圖書館出版品預行編目資料

悅享極簡生活：怦然心動的人生整理魔法 / 韋甜甜著. -- 初版. -- 臺北市：風雲時代, 2017.09
面； 公分
ISBN 978-986-352-502-8(平裝)
1.簡化生活
192.5 106012672